fair
der **Fan**
das **Foul**

der **Gag**
der **Gameboy**
der **Gangster**
die **Grapefruit**

Hä

das **Handy**
happy sein

I

die **E-Mail**

das **Keyboard**
cool

die **Livesendung**
die **Loipe**

das **Match**
das **Mountainbike**

Pu

der **Pool**

der **Rowdy**
das **Recyc...**

Sä Sau

das **Sandwich**
der **Sound**

Sch

der **Champignon**
die **Chance**
der **Chef**
die **Chefin**
das **Gelee**
sich **genieren**
die **Jalousie**
jonglieren
der **Journalist**
die **Journalistin**
die **Jury**

Sch

das **Shampoo**
der **Sheriff**
das **Shirt**
die **Shorts**
die **Show**

surfen
...shirt

das **Team**
das **T-Shirt**

Tsch

das **Cello**
der **Champion**
der **Charterflug**
checken
der **Chip**

der **Walkman**

FINDEFIX
Wörterbuch für die Grundschule

4., erweiterte Auflage
mit Bild-Wörterbuch Französisch

von
Johann Fackelmann
Robert Müller
Klaus Patho
Susanne Patho

illustriert von
Aille Hardy

mit lateinischer
Ausgangsschrift

Oldenbourg

> Das Papier ist aus chlorfrei gebleichtem Zellstoff hergestellt,
> ist säurefrei und recyclingfähig.

© 1991 Oldenbourg Schulbuchverlag GmbH, München, Düsseldorf, Stuttgart
www.oldenbourg-bsv.de

Das Werk und seine Teile sind urheberrechtlich geschützt. Jede Nutzung in anderen als den gesetzlich zugelassenen Fällen bedarf der vorherigen schriftlichen Einwilligung des Verlages. Hinweis zu § 52 a UrhG: Weder das Werk noch seine Teile dürfen ohne eine solche Einwilligung eingescannt und in ein Netzwerk eingestellt werden. Dies gilt auch für Intranets von Schulen und sonstigen Bildungseinrichtungen.

4., erweiterte Auflage 2004

Unveränderter Nachdruck   07   06   05   04
Die letzte Zahl bezeichnet das Jahr des Drucks.

Lektorat: Ute Busche, Ursula Händl-Sagawe, Sylvia Bernard-Dronia
Layout und Herstellung: Aille Hardy und Thomas Rein
Umschlagkonzept: Mendell & Oberer, München
Satz und Reproarbeiten: Oldenbourg:digital GmbH, Kirchheim b. München
Druck: Landesverlag Druckservice, Linz

ISBN 3-486-**13938**-X

Inhaltsverzeichnis

Erste Tipps für das Nachschlagen
So kannst du mit diesem Wörterbuch arbeiten ... 4
Wir lernen nachschlagen 6

Erstes Wörterverzeichnis 9

Tipps für schnelles und sicheres Nachschlagen .. 44
Wir üben schnelles und sicheres Nachschlagen .. 46

Zweites Wörterverzeichnis 49

Übungen zum richtigen Schreiben 174
Partnerspiele mit dem Wörterbuch 174
So kannst du dir Wörter einprägen 177
Wörtertraining mit der Rechtschreibkartei 179
So wirst du sicher im richtigen Schreiben 180

Texte schreiben und überarbeiten 201
Wortfelder 202
Treffende Ausdrücke 205
Schwierige Vergangenheitsformen 206
Ausrufe, Gedanken, Gefühle 209
Die wörtliche Rede verwenden 210
Das Wortfeld „sagen" und die wörtliche Rede 211
Wiederholungen am Satzanfang vermeiden 212

Reime und andere Wörter 215
Reimwörterliste 216
Gleich klingende, aber verschieden
geschriebene Wörter 228

Bild-Wörterbuch Französisch 230

Hilfen zum richtigen Schreiben – kurz gefasst

So kannst du mit diesem Wörterbuch arbeiten

1. Hallo, ich heiße Findefix. Ich bin ein Dodo und lebte auf Mauritius, einer großen Insel im Indischen Ozean. Ich versuche dir an vielen Stellen zu helfen.

2. Das Nachschlagen im ersten Wörterverzeichnis ist leicht. Interessante Aufgaben dazu findest du auf den Seiten 6 bis 8.

3. Das Nachschlagen im zweiten Wörterverzeichnis (Seite 49 bis 173) ist schwieriger. Deshalb findest du auf den Seiten 44 bis 48 besondere Hilfen.

4. Manche Wörter werden anders geschrieben, als du vermutest. Im Umschlag vorne stehen Hinweise, wie du diese Wörter trotzdem sicher findest.

5. Wichtige Hinweise für das richtige Schreiben sind im Umschlag hinten zusammengestellt.

6. Im blauen und im roten Wörterverzeichnis haben einige Wörter **Sternchen:** ✦ oder ✦
Sie weisen dich auf etwas hin. Woran du denken sollst, steht unten auf der jeweiligen Seite.

7. Die Zahlen hinter den Wörtern weisen auf besondere Übungen auf den Seiten 180 bis 200 hin. Durch diese Übungen wirst du sicher im richtigen Schreiben.

8. Wie du die Wörter trennen kannst, zeigen dir die senkrechten Striche in den Wörtern im roten Wörterverzeichnis, zum Beispiel:
   das **Kro|ko|dil**, die Krokodile
   Außerdem findest du im Umschlag hinten die wichtigsten Trennungsregeln.

9. Partnerspiele zum Hören, Sprechen, Schreiben und Nachdenken mit dem Wörterbuch findest du auf den Seiten 174 bis 176. Viel Spaß beim Spielen!

10. Wie du dir eine Rechtschreibkartei anlegen und mit ihr arbeiten kannst, erfährst du auf den Seiten 177 bis 179.

11. Auf den Seiten 201 bis 214 findest du Hinweise, wie du einen Text schreiben und überarbeiten kannst.

12. Mit der Reimwörterliste (Seite 215 bis 227) kannst du eigene Gedichte schreiben. Du prägst dir damit auch die Schreibweise dieser Wörter leichter ein.

13. Im Bild-Wörterbuch Französisch sind Wörter und Satzmuster zu wichtigen Themen zusammengestellt. Auch Spielideen kannst du dort entdecken.

Wir lernen nachschlagen

1 Lerne das ABC-Gedicht auswendig.

A B C D E,
der Hase frisst gern Klee.
F G H I J K L,
das Kätzchen hat ein
weiches Fell.
M N O P Qu,
unser Hund bellt immerzu.
R S T,
das scheue Reh,
U V W,
trinkt am See.
X Y Z,
der Bär
ist lieb und nett.

2 Welche Buchstaben sind nicht zu sehen? Schreibe das ABC in großen und kleinen Buchstaben auswendig auf.

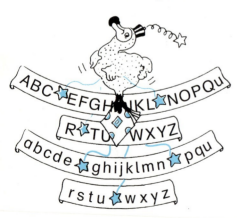

3 Löse die ABC-Rätsel.

Ich bin das I. Wer steht hinter mir?
Ich bin das H. Wer steht vor mir?
Ich stehe zwischen G und L und bin ein Selbstlaut.

4 Suche die Nachbarbuchstaben zu:

Schreibe so: B C D

5 Welche vier Buchstaben stehen nach diesen Buchstaben?

Schreibe so: T U V W X

6 Benutze für die folgenden Übungen nur das erste Wörterverzeichnis.
Auf welcher Seite findest du die Wörter mit:

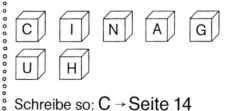

Schreibe so: C → Seite 14

7 Auf welcher Seite stehen die Wörter, die so beginnen?

Schreibe so:

bi → Seite 12

8 Suche die Namen der Tiere, die so beginnen:

Schreibe so:

Katze → Seite 25

9 Wie heißen die zwei Wörter, die **nach** diesen Wörtern stehen?

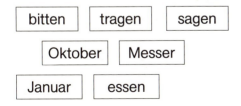

Schreibe so:

bitten, das Blatt, blau

10 Zwei von diesen Wörtern stehen nicht im ersten Wörterverzeichnis. Schreibe alle anderen auf.

Bein	trinken	können
schnell	Papier	malen
kaufen	selten	kurz
warm	essen	versuchen

11 Wie heißt das erste Wort im Wörterbuch, das so anfängt?

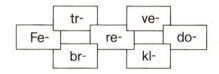

Schreibe so:

Fe → der Februar

12 Schreibe alle Monatsnamen mit der Seitenzahl auf.

Schreibe so:

der Januar → Seite 24

der ...

13 Prüfe nach, welche Wörter großgeschrieben werden.
Schreibe sie mit Begleiter auf:

ABEND	OFT
LEICHT	SEIFE
DEZEMBER	MINUTE
TEUER	WINTER
ALLE	LEUTE
SCHNELL	VERSUCHEN

Schreibe so:

der Abend → Seite 10

14 Wie heißt die Mehrzahl dieser Wörter?

| Apfel | Ball | Hund | Maus |
| Baum | Gras | Vater | |

Schreibe so:

der Apfel → die Äpfel

15 Wie findest du diese Namenwörter?

| Wörter | Blätter | Bücher |
| Hände | Vögel | Plätze | Ohren |

Schreibe so:

die Wörter – das Wort

16 Hier sind drei Seitenzahlen falsch. Suche die richtigen Seitenzahlen:

das Buch	→	S. 13
der Zahn	→	S. 43
immer	→	S. 18
der Mittwoch	→	S. 27
die Puppe	→	S. 30
der Juli	→	S. 18
der Sommer	→	S. 35
der Dienstag	→	S. 16
uns	→	S. 34

17 In diesen Wörtern fehlen Buchstaben. Schlage die Wörter nach und schreibe sie vollständig auf:

antworten

an_worten	das Br_t
das Gel_	schwa_
z_len	der San_
der Fi_er	die E_de
die Bl_tter	der Schn_
wa_ten	

Erstes Wörterverzeichnis

ab bis As

ab	*ab* morgen
der **Abend**, die Abende	am *Abend*
aber	Er geht, *aber* sie bleibt.
acht	um *acht* Uhr
alle, alles	*alle* Kinder
als	Sie ist größer *als* ich.
also ✦	Es geht *also*.
alt, älter ✦	Er ist sehr *alt*.
am	*am* Morgen
die **Ampel**, die Ampeln	an der *Ampel* warten
an	*an* einem Morgen
antworten, er antwortet	auf Fragen *antworten*
der **Apfel**, die Äpfel	einen *Apfel* essen
der **April**	im *April*
arbeiten, er arbeitet	lange *arbeiten*
der **Arm**, die Arme ✦	auf den *Arm* nehmen
der **Ast**, die Äste ✦	auf einem *Ast* sitzen

✦ Sprich deutlich. Schreibe für jeden Laut einen Buchstaben. ✦

Au

auf ⭐ — *auf* Mutter warten
die **Aufgabe,** die Aufgaben ⭐ — eine *Aufgabe* rechnen
das **Auge,** die Augen ⭐ — mit einem *Auge* schauen
der **August** ⭐ — im *August*
aus ⭐ — Blumen *aus* dem Garten
das **Auto,** die Autos ⭐ — im *Auto* sitzen

⭐ Für manche Laute musst du **zwei** Buchstaben schreiben. ⭐

Ba bis Bi

das **Baby**, die Babys	*das Baby wickeln*
baden, er badet ✦	*im See baden*
der **Ball**, die Bälle	*Der Ball rollt.*
die **Bank**, die Bänke	*auf einer Bank sitzen*
der **Bauch**, die Bäuche	*auf dem Bauch schlafen*
bauen, er baut ✦	*ein Haus bauen*
der **Baum**, die Bäume	*auf den Baum klettern*
bei	*Du bist bei mir.*
das **Bein**, die Beine	*sich ein Bein brechen*
bewegen, er bewegt ✦	*den Arm bewegen*
bezahlen, er bezahlt ✦	*viel Geld bezahlen*
die **Biene**, die Bienen	*eine Biene hören*
das **Bild**, die Bilder	*ein Bild malen*
bin	*Ich bin müde.*
die **Birne**, die Birnen	*eine Birne essen*

✦ Achte auf den Wortbaustein **-en**. ✦

bi bis Bu

bis	bis hierher
bist	Du bist mein Freund.
bitten, er bittet	um Hilfe bitten
das Blatt, die Blätter	ein Blatt finden
blau	Das Auto ist blau.
bleiben, er bleibt	lange bleiben
blühen, er blüht	Die Bäume blühen.
die Blume, die Blumen	eine Blume pflücken
die Blüte, die Blüten	eine Blüte bestäuben
der Boden, die Böden	auf dem Boden liegen
böse	der böse Wolf
braun	braun wie die Erde
der Brief, die Briefe	einen Brief schreiben
bringen, er bringt	ins Haus bringen
das Brot – das Brötchen	ein Brot kaufen
der Bruder, die Brüder ✦	mein großer Bruder
das Buch, die Bücher	im Buch lesen
bunt	bunt anmalen
der Busch, die Büsche	im Busch verstecken

✦ Achte auf den Wortbaustein **-er**. ✦

Ce bis Co

der **Cent,** die Cents ✦   **C**   *zwei Cent bezahlen*

der **Christbaum,**   *den Christbaum schmücken*

    die Christbäume

das **Christkind**   *auf das Christkind warten*

der **Computer,**   *am Computer arbeiten*

    die Computer ✦

✦ **C** am Wortanfang wird verschieden gesprochen. ✦

da bis di

D

da	Er ist *da*.
danken, er dankt	Wir *danken* dir.
dann	Aber *dann* lese ich.
das	*das* Buch
dass	sich freuen, *dass* es schneit
dein, deine, deiner	*dein* Ball
dem	*dem* Tier helfen
den ✦	*den* Hund rufen
denken, er denkt	an den Freund *denken*
denn ✦	Was willst du *denn*?
der	*der* Vater
des	das Kätzchen *des* Nachbarn
der **Dezember**	im *Dezember*
dich	Ich suche *dich*.

✦ Sprich deutlich. Unterscheide: d<u>e</u>n – d<u>e</u>nn. ✦

di bis **du**

die	*die* Mutter
der Dienstag	*am Dienstag*
diese, dieser, dieses	*Wem gehört diese Tasche?*
dir ✦	*Wir helfen dir.*
doch	*Ich komme doch.*
der Donnerstag	*am Donnerstag*
drei	*drei Fenster*
du	*so groß wie du*
dunkel	*dunkel oder hell*
durch	*durch die Tür kommen*

✦ Du sprichst **i** lang, schreibst aber nicht **ie**. ✦

Ei bis Eu

das **Ei**, die Eier	ein frisches Ei
ein, eine, einer	ein Pferd
eins	eins, zwei, drei
elf	um elf Uhr
die **Eltern**	die Eltern fragen
das **Ende** ✶	Anfang und Ende
eng	eine enge Hose
die **Ente**, die Enten ✶	Die Ente schwimmt.
er	Hier sitzt er.
die **Erde**	auf der Erde
es	Ich kann es.
essen, er isst	Brot essen
euch	mit euch reden
euer, eure	euer Haus
die **Eule**, die Eulen	Die Eule heult.
der **Euro**, die Euros	mit einem Euro bezahlen

✶ Unterscheide: das En**d**e – die En**t**e. ✶

fa bis fr

fahren, er fährt	Rad fahren
fallen, er fällt	Die Blätter fallen.
die **Familie,** die Familien	unsere Familie
fangen, er fängt	den Ball fangen
der **Februar**	im Februar
fein	fein schmecken
das **Feld,** die Felder	auf dem Feld arbeiten
das **Fenster,** die Fenster	das Fenster öffnen
finden, er findet	den Weg finden
der **Finger,** die Finger	zehn Finger
die **Fliege** – fliegen	eine Fliege fangen
fliegen, er fliegt	Die Vögel fliegen.
der **Flügel,** die Flügel ⭐	mit den Flügeln schlagen
flüssig	flüssig lesen
fragen, er fragt	den Opa fragen
die **Frau,** die Frauen	Frau Schumann
der **Freitag**	am Freitag
fremd – die Fremde	sich fremd fühlen

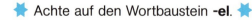

⭐ Achte auf den Wortbaustein **-el**. ⭐

Fr bis Fu

die **Freude** – sich freuen	vor *Freude* strahlen
sich **freuen,** er freut sich ⭐	*Wir freuen uns.*
der **Freund,** die Freunde	*mein Freund*
die **Freundin,** die Freundinnen	*deine Freundin*
frisch	*Das Brot ist frisch.*
die **Frucht,** die Früchte	*eine Frucht pflücken*
der **Frühling**	*den Frühling erwarten*
füllen, er füllt ⭐	*die Taschen füllen*
der **Füller** – füllen	*mit dem Füller schreiben*
fünf	*fünf Finger*
für	*ein Fest für uns*
der **Fuß,** die Füße	*zu Fuß gehen*

⭐ Achte auf den Wortbaustein **-en**. ⭐

ga bis gu

	ganz, ganze, ganzer	*ganz leise*
der	**Garten**, die Gärten	*im Garten spielen*
	geben, er gibt ✸	*die Hand geben*
	gehen, er geht ✸	*schnell gehen*
	gelb	*Das Auto ist gelb.*
das	**Geld**	*Geld wechseln*
das	**Gemüse**	*Gemüse essen*
das	**Gesicht**, die Gesichter	*ein ernstes Gesicht*
	gestern	*heute und gestern*
	gesund – die Gesundheit	*Er ist gesund.*
	giftig	*Der Pilz ist giftig.*
das	**Gras**, die Gräser	*im Gras liegen*
	groß, größer	*groß oder klein*
	grün	*Der Apfel ist grün.*
	gut	*Das war gut.*

✸ Achte auf den Wortbaustein **-en**. ✸

Ha bis He

das **Haar**, die Haare	am *Haar* ziehen
haben, er hat	einen Freund *haben*
der **Hals** ✦	ein langer *Hals*
halten, er hält	den Ball *halten*
die **Hand**, die Hände	in der *Hand* tragen
hart, härter	Der Stein ist *hart*.
der **Hase**, die Hasen	mein *Hase*
das **Haus**, die Häuser	ein altes *Haus*
die **Haut**, die Häute	eine glatte *Haut*
die **Hecke**, die Hecken	die *Hecke* schneiden
heiß	Das Wasser ist *heiß*.
heißen, er heißt	Barbara *heißen*
helfen, er hilft	in der Küche *helfen*
hell	*hell* wie die Sonne
das **Hemd**, die Hemden	ein frisches *Hemd* anziehen
her	hin und *her* laufen
der **Herbst**	ein kalter *Herbst*

✦ Denke an das Reimwort **als**. ✦

He bis hu

der **Herr,** die Herren	Herr Müller
heute	heute und morgen
die **Hexe,** die Hexen	die Hexe im Märchen
hier	Sie ist hier.
die **Hilfe** – helfen	Hilfe holen
der **Himmel**	ein blauer Himmel
hin	hin und her
hinter	hinter dem Haus
hören, er hört	den Regen hören
die **Hose,** die Hosen	eine Hose anziehen
der **Hund,** die Hunde	den kleinen Hund tragen
hundert	hundert Gäste

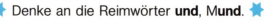
Denke an die Reimwörter **und**, M**und**.

ich bis ist

ich	Du liest, *ich* schreibe.
der **Igel,** die Igel	einen *Igel* finden
ihm ⭐	Wir helfen *ihm*.
ihn, ihnen ⭐	Ich treffe *ihn*.
ihr, ihre	Wir helfen *ihr*.
im ⭐	*im* Sommer
immer	*immer* weiter
in ⭐	*in* den Garten gehen
ins	*ins* Bett gehen
ist	Es *ist* schön.

⭐ Unterscheide: **ihm – im** und **ihn – in**. ⭐

ja bis Ju

ja	*ja* oder nein
das **Jahr**, die Jahre	viele *Jahre*
der **Januar**	im *Januar*
jede, jeder, jedes	*jede* Stunde
der **Juli**	im *Juli*
der **Junge**, die Jungen	ein großer *Junge*
der **Juni**	im *Juni*

✸ Suche die drei Monatsnamen. ✸

Kä bis Ku

der **Käfer**, die Käfer	einen *Käfer* beobachten
der **Kalender**, die Kalender	im *Kalender* eintragen
kalt – die Kälte	Mir ist *kalt*.
die **Katze**, die Katzen	eine *Katze* streicheln
kaufen, er kauft	Blumen *kaufen*
kein, keine, keiner	*kein* Wort sagen
das **Kind**, die Kinder	einem *Kind* helfen
die **Klasse**, die Klassen ★	eine große *Klasse*
das **Kleid**, die Kleider	ein buntes *Kleid* tragen
klein ★	groß oder *klein*
kommen, er kommt	ins Haus *kommen*
können, er kann	lesen *können*
der **Kopf**, die Köpfe	auf dem *Kopf* stehen
der **Körper**, die Körper	ein gesunder *Körper*
krank	Er ist *krank*.
das **Kraut**, die Kräuter	*Kraut* und Rüben
die **Kuh**, die Kühe	eine *Kuh* melken

★ Auf jeden Buchstaben kommt es an: **Klasse – Kasse, klein – kein**. ★

lau bis li

laufen, er läuft ✦	schnell *laufen*
laut	*laut* lachen
leben, er lebt ✦	gesund *leben*
legen, er legt ✦	sich ins Gras *legen*
leicht	Die Aufgabe ist *leicht*.
leise	*leise* sprechen
lernen, er lernt ✦	etwas *lernen*
lesen, er liest ✦	einen Brief *lesen*
die **Leute**	viele *Leute* treffen
das **Lexikon**	im *Lexikon* suchen
das **Licht,** die Lichter	helles *Licht*
lieb – lieben	*lieb* sein
liegen, er liegt ✦	im Gras *liegen*

✦ Achte auf den Wortbaustein **-en**. ✦

ma bis Mu

	machen, er macht	Wir *machen* mit.
das	**Mädchen,** die Mädchen	ein *Mädchen* oder Junge
der	**Mai**	im *Mai*
	malen, er malt	ein Bild *malen*
	man	Töne kann *man* hören.
der	**Mann,** die Männer	ein großer *Mann*
der	**März**	im *März*
die	**Maus,** die Mäuse	eine *Maus* sehen
	mein, meine	*mein* Buch
das	**Messer,** die Messer	*Messer* und Gabel
	mich	Sie kennt *mich*.
die	**Minute,** die Minuten	vor einer *Minute*
	mir	Er schreibt *mir*.
	mit	Alle kommen *mit*.
der	**Mittwoch**	am *Mittwoch*
der	**Monat,** die Monate	in einem *Monat*
der	**Montag**	am *Montag*
	morgen	bis *morgen* warten
der	**Mund**	mit vollem *Mund* reden
	müssen, er muss	Wir *müssen* lachen.
die	**Mutter,** die Mütter	meine *Mutter*

na bis nu

nach	nach der Schule
die **Nacht,** die Nächte	in der Nacht
der **Name,** die Namen ✦	Mein Name ist Lea.
die **Nase,** die Nasen ✦	eine rote Nase
nass	trocken oder nass
der **Nebel** ✦	dichter Nebel
nehmen, er nimmt	Wir nehmen dich mit.
nein	ja oder nein
neu	alt oder neu
neun	neun Kinder
nicht	Ich bin nicht da.
nichts	nichts verstehen
nie	Sie hat nie Zeit.
der **November**	im November
nun ✦	Ich muss nun gehen.
nur ✦	nur eine Stunde

✦ Schreibe für jeden Laut einen Buchstaben. ✦

ob bis Os

	ob	Sag mir, *ob* du kommst.
das	Obst	*Obst* essen
	oder	ja *oder* nein
	oft	Ich muss *oft* lachen.
das	Ohr, die Ohren	ans *Ohr* halten
der	Oktober	im *Oktober*
der	Onkel, die Onkel ⭐	den *Onkel* besuchen
	Ostern	Frohe *Ostern*!

⭐ Achte auf den Wortbaustein **-el**. ⭐

Pa bis Pu

das **Papier**, die Papiere	*das Papier aufheben*
das **Pferd**, die Pferde	*ein Pferd reiten*
pflanzen, er pflanzt	*einen Baum pflanzen*
pflegen, er pflegt	*eine Kranke pflegen*
die **Pizza** ✦	*eine Pizza bestellen*
der **Platz**, die Plätze	*ein großer Platz*
die **Pommes**	*Pommes bestellen*
die **Puppe**, die Puppen	*mit der Puppe spielen*

 ✦ Nur in ganz wenigen Wörtern kommt **zz** vor. ✦

Qu

das **Quadrat**, *ein Quadrat zeichnen*

die Quadrate ✸

quaken, er quakt ✸ *Frösche quaken*

✸ Du sprichst (**kw**), aber schreibst **Qu** oder **qu**. ✸

Rau bis ru

die **Raupe,** die Raupen   **R**   *eine Raupe finden*

rechnen, er rechnet ✦   *schnell rechnen*

reden, er redet ✦   *schnell reden*

der **Regen** ✦   *im Regen stehen*

reich   *arm oder reich*

reisen, er reist ✦   *mit dem Bus reisen*

der **Rock,** die Röcke   *einen Rock anziehen*

rollen, er rollt ✦   *den Ball rollen*

rot   *blau oder rot*

der **Rücken,** die Rücken   *auf dem Rücken liegen*

rufen, er ruft ✦   *laut rufen*

✦ Achte auf den Wortbaustein **-en**. ✦

Sa bis Schu

der **Saft**, die Säfte	einen Saft trinken
sagen, er sagt	etwas sagen
das **Salz**	mit Salz würzen
der **Samstag**	am Samstag
der **Sand** – sandig	feiner Sand
der **Satz**, die Sätze	einen Satz schreiben
schauen, er schaut	in den Spiegel schauen
scheinen, es scheint	Die Sterne scheinen.
die **Schere**, die Scheren	mit der Schere schneiden
schlafen, er schläft	lang schlafen
schlagen, er schlägt	ein Rad schlagen
der **Schmetterling**, die Schmetterlinge	ein bunter Schmetterling
der **Schnee**	im Schnee spielen
schneiden, er schneidet	Brot schneiden
schnell	schnell laufen
schon	schon früh gehen
schön	Das Wetter ist schön.
schreiben, er schreibt	schön schreiben
schreien, er schreit	laut schreien
der **Schuh**, die Schuhe	Der Schuh drückt.

Schu bis So

die **Schule**, die Schulen	in die *Schule* gehen
schwarz	weiß oder *schwarz*
die **Schwester**, die Schwestern	meine *Schwester*
sechs	*sechs* Kinder
sehen, er sieht	schlecht *sehen*
sehr	*sehr* gut
die **Seife**, die Seifen	mit *Seife* waschen
sein	gesund *sein*
sein, seine	*sein* Buch
seit	*seit* gestern
die **Sekunde**, die Sekunden	in dieser *Sekunde*
der **September**	im *September*
sich	*sich* freuen
sie	Heute kommt *sie* dran.
sieben	*sieben* Zwerge
sind	Wir *sind* hier.
singen, er singt	ein Lied *singen*
sitzen, er sitzt	im Sessel *sitzen*
so	*so* leise
der **Sohn**, die Söhne	der älteste *Sohn*

SO bis SU

sollen, er soll — Wir sollen gehen.
der Sommer — ein heißer Sommer
die Sonne — Die Sonne scheint.
der Sonntag — am Sonntag
die Spagetti ✶ — Spagetti essen
sparen, er spart ✶ — Geld sparen
spielen, er spielt ✶ — Ball spielen
der Sport ✶ — Sport treiben
der Stängel – die Stange ✶ — ein langer Stängel
stehen, er steht ✶ — vor der Tür stehen
stellen, er stellt ✶ — die Uhr stellen
der Stift, die Stifte ✶ — mit rotem Stift schreiben
still ✶ — Es ist ganz still.
die Stirn ✶ — die Stirn runzeln
der Strauch, die Sträucher ✶ — im Strauch verstecken
die Stunde, die Stunden ✶ — vor einer Stunde
suchen, er sucht — das Buch suchen

✶ Du sprichst (schp) und (scht), aber schreibst **Sp** oder **sp** und **St** oder **st**. ✶

Ta bis tu

der **Tag**, die Tage — *Tag und Nacht*

die **Tante**, die Tanten — *meine Tante besuchen*

die **Tasche**, die Taschen — *in die Tasche stecken*

der **Teddy**, die Teddys — *mit dem Teddy spielen*

der **Tee** — *Tee trinken*

das **Telefon**, die Telefone — *ans Telefon gehen*

die **Temperatur**, die Temperaturen — *Die Temperatur fällt.*

teuer ✶ — *Es ist zu teuer.*

das **Thermometer**, die Thermometer ✶ — *vom Thermometer ablesen*

das **Tier**, die Tiere — *ein Tier pflegen*

die **Tochter**, die Töchter ✶ — *die jüngste Tochter*

tragen, er trägt — *eine Tasche tragen*

trinken, er trinkt — *Saft trinken*

turnen, er turnt — *am Boden turnen*

✶ Achte auf den Wortbaustein **-er**. ✶

üb bis un

üben, er übt ⭐   *oft üben*
über   *über den Platz gehen*
die Uhr, die Uhren   *die Uhr stellen*
um   *um acht Uhr*
und   *schwarz und weiß*
uns   *zu uns kommen*
unser, unsere   *unser Hund*
unten ⭐   *unten im Keller*
unter   *unter der Erde*

⭐ Achte auf den Wortbaustein **-en**. ⭐

Va bis vo

der **Vater,** die Väter ✹	V	*mein Vater*
der **Verkehr**		*viel Verkehr*
versuchen, er versucht		*Wir versuchen zu kommen.*
viel		*viel Geld kosten*
vier		*vier Bäume*
der **Vogel,** die Vögel ✹		*Ein Vogel fliegt.*
vom		*vom Himmel fallen*
von		*weit von hier*
vor		*Ich stehe vor dir.*

✹ Achte auf den Wortbaustein **-er** und **-el**. ✹

wa bis we

wann	Sag, wann du anrufst.
warm – die Wärme	warm oder kalt.
warten, er wartet	auf den Bus warten
warum	Sie sagt, warum sie weint.
was	Er sagt, was er will.
waschen, er wäscht	Wäsche waschen
das Wasser ✦	im Wasser liegen
der Weg, die Wege	ein schmaler Weg
Weihnachten	fröhliche Weihnachten
weil	Er freut sich, weil ich hier bin.
weiß	schwarz oder weiß
weit	weit oder nah
weiter ✦	Lies weiter.
welche, welcher, welches	durch welche Tür
wem	Mit wem spielst du?
wen	An wen denkst du?
wenig	wenig Zeit
wenn	Ich komme, wenn ich darf.
wer	Sie fragt, wer hier ist.
werden, er wird	gesund werden

✦ Achte auf den Wortbaustein **-er**. ✦

We bis Wu

das **Wetter**	schönes Wetter
wie	so groß wie du
wieder	Komm bald wieder!
die **Wiese**, die Wiesen	auf der Wiese liegen
der **Wind**, die Winde	ein kalter Wind
der **Winter**	ein Winter mit Schnee
wir ⭐	Nun sind wir da.
wo	Susi, wo bist du?
die **Woche**, die Wochen	eine Woche lang
wohnen, er wohnt	im Zelt wohnen
wollen, er will	Wir wollen schwimmen.
das **Wort**, die Wörter	ein Wort sagen
wünschen, er wünscht	Wir wünschen uns etwas.
die **Wurzel**, die Wurzeln	eine Wurzel ausgraben

  Du sprichst **i** lang, schreibst aber nicht **ie**. ⭐

Xaver  X   *Er heißt Xaver.*

Ypsilon

der Buchstabe Ypsilon

Za bis ZW

die **Zahl**, die Zahlen ✦	*eine gerade Zahl*
zahlen, er zahlt ✦	*mit Euro zahlen*
zählen, er zählt ✦	*bis drei zählen*
der **Zahn**, die Zähne ✦	*Der Zahn wackelt.*
die **Zehe**, die Zehen	*die große Zehe verletzen*
zehn ✦	*zehn Finger*
zeigen, er zeigt	*den Weg zeigen*
die **Zeit**, die Zeiten	*die Zeit messen*
das **Zimmer**, die Zimmer	*im Zimmer warten*
zu	*Ich komme zu euch.*
der **Zucker**	*süß wie Zucker*
zum	*zum Freund gehen*
zur	*zur Tür laufen*
zusammen	*Das machen wir zusammen.*
zwei	*zwei Kinder*
die **Zwiebel**, die Zwiebeln	*eine Zwiebel schneiden*
zwölf	*zwölf Stühle*

✦ Achte auf das **h**. ✦

Tipps für schnelles und sicheres Nachschlagen

Tipp 1: Blättere dein Wörterbuch schnell durch und achte dabei auf die **Seitenränder.** Was fällt dir auf?

Tipp 2: Schlage die Seiten mit dem Buchstaben M auf. Suche auf diesen Seiten **ma** und **mi**.
Welche **roten** Buchstaben findest du noch bei M?
Vergleiche die roten Buchstaben mit den Wörtern auf dieser Seite. Was kannst du feststellen?

Tipp 3: Aufgepasst!
Manche Wörter haben
    Sternchen: ✸
Sie weisen dich auf Hilfen hin.
Schlage Seite 82 auf.
Welche Hilfe findest du?

Tipp 4: Einzahl und Mehrzahl des Namenwortes (Nomens) stehen hintereinander:
    das **Buch**, die Bücher
Einige Namenwörter stehen nur in der Einzahl im Wörterbuch.

Bei diesen Wörtern kannst du die Mehrzahl leicht selbst bilden. Manchmal steht aber die Mehrzahl auch nicht im Wörterbuch, weil es sie nicht gibt, zum Beispiel bei:
    das **Laub**

Tipp 5: Nicht alle zusammengesetzten Wörter stehen im Wörterbuch. Viele dieser Wörter musst du zerlegen und getrennt nachschauen, z. B.:

Ferienbeginn:
die Ferien – der Beginn
zurückkehren:
zurück – kehren

Tipp 6: Nach manchen Wörtern wird auf verwandte Wörter hingewiesen:
    das **Getränk** – trinken
    die **Härte**   – hart
    er **sah**   – sehen

Tipp 7: Nach manchen Wörtern steht eine Ergänzung in Klammern. Sie hilft dir, dieses Wort von einem gleich oder ähnlich klingenden Wort zu unterscheiden, zum Beispiel:

    die **Lärche** (der Baum)
    die **Lerche** (der Vogel)

    die **Miene** (mit ernster Miene)
    die **Mine** (die Bleistiftmine)

    der **Fühler** (beim Käfer)
    der **Füller** (zum Schreiben)

Auf den Seiten 228 und 229 sind gleich klingende, aber verschieden geschriebene Wörter zusammengestellt.

Tipp 8: Hinter vielen Wörtern stehen ein **Pfeil** und eine **Zahl**. Die Zahl weist auf Übungen hin, die du auf den Seiten 180 bis 200 findest.

Tipp 9: Für manche Wörter gibt es mehrere Schreibweisen, die richtig sind. Die zweite Schreibweise steht in **eckigen Klammern**, zum Beispiel:
    der **Delphin** [Delfin]
Du findest das Wort aber auch unter Delfin. Dort wird mit einem **Pfeil** auf die **empfohlene** Schreibweise hingewiesen:
    der **Delfin** → Delphin
Wenn beide Wörter **dick** gedruckt sind, gibt es keine empfohlene Schreibweise.

Tipp 10: Vielleicht suchst du ein Wort nicht an der richtigen Stelle. Die ersten beiden Seiten im Wörterbuch helfen dir das Wort zu finden.

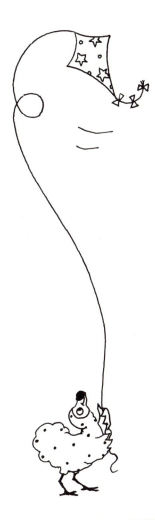

Wir üben schnelles und sicheres Nachschlagen

1 Du hast diese Seite aufgeschlagen:

mi _____ mo

Du suchst das Wort Mehl.
Findest du das Wort auf dieser Seite?
Blätterst du zurück oder weiter?

2 Zu welchen roten Buchstaben passen diese Wörter?

Hase, Heft, Hirsch,
Hitze, heißen, hinterher

laufen, lieber, Lexikon,
läuten, leichtsinnig, Licht

Schreibe so: ha Hase

3 Welche Wörter sind hier falsch eingeordnet? Schreibe alle Wörter in der richtigen Reihenfolge.

der **Februar**
die **Feder**, die Federn
der **Faden**, die Fäden
    fegen, du fegst
der **Fehler**, die Fehler
    fehlerlos
die **Fahne**, die Fahnen
die **Feier**, die Feiern

    lachen, du lachst
der **Laden**, die Läden
der **Lack**, die Lacke
    lackieren, du lackierst
    laden, du lädst, er lud
    lahm – gelähmt
die **Lakritze**
das **Laken**, die Laken

4 Suche die **Mehrzahl** folgender Namenwörter (Nomen):

der Acker – die Feder – das Gewicht – der Knopf – der Arzt – die Bahn – der Bart – die Nuss – der Mantel – das Volk – der Traum – das Lexikon – der Kahn

Schreibe sie so auf:

Einzahl	Mehrzahl	Seite
der Acker	die Äcker	51

5 Bilde von folgenden Wörtern die **Einzahl**. Schlage sie nach.

die Söhne	die Kamine
die Lieder	die Jacken
die Ameisen	die Berufe
die Decken	die Lehrer
die Semmeln	die Märkte
die Stämme	die Mützen
die Sprünge	die Noten
die Knöpfe	die Gärten
die Hölzer	die Drähte
die Zähne	

Schreibe sie so auf:

Einzahl	Mehrzahl	Seite
der Lohn	die Löhne	145

6 Zerlege diese **zusammengesetzten Wörter**. Schlage sie getrennt nach.

die Salatschüssel
das Treppenhaus
der Fußballplatz
die Tischdecke
der Geschäftsschluss
die Verkehrsampel
die Marktfrau
der Fliegenpilz

zitronengelb
windschief
spiegelglatt
eiskalt
spottbillig
kugelrund

das Schwimmbad
der Fragesatz
der Spielplatz
der Fahrstuhl
das Lesebuch
der Malstift
die Rutschgefahr

Schreibe sie so auf:

die Salatschüssel:
der Salat → S. 134
die Schüssel → S. 141

zitronengelb:
die Zitrone → S. ☐
gelb → S. ☐

das Schwimmbad:
schwimmen → S. ☐
das Bad → S. ☐

7 Stelle fest, auf welcher Seite diese **Tunwörter** (Verben) im Wörterbuch zu finden sind.

beißen – er biss – er hat gebissen –
er ging – er kochte – er ist gegangen –
kochen – er schrie – sie las –
er hat gekocht – fallen – er wuchs –
wir krochen – es gelang – gehen –
ich unterschied – er fiel –
er ist gefallen – wir begannen

Schreibe sie so auf:

*beißen, du beißt,
er biss → S. 58
er biss – beißen → S. 62*

8 Diese **zusammengesetzten Wörter** findest du nicht im Wörterverzeichnis. Zerlege sie und schaue sie getrennt nach.

anfahren – abfahren – vorfahren –
zurückfahren – festfahren –
überfahren – durchfahren –
wegfahren – hinausfahren –
ausfahren – hinüberwerfen –
aufschieben – ausschütten –
sich etwas vornehmen – überfallen –
forttragen – weggeben –
vorübergehen – zurückgeben

Schreibe sie so auf:

*anfahren:
an → S.☐, fahren → S.☐*

9 Suche **verwandte Wörter**. Schreibe auf, was neben den Wörtern steht.

die Erlaubnis – die Erzählung –
der Jäger – der Anhänger –
das Geschenk – die Ausstellung –
die Behandlung –
die Kälte – die Kürze –
gesünder – die Fläche –
die Härte – die Höhe

Schreibe so auf:

die Erlaubnis – erlauben

Nomen oder Substantiv Namenwort

Verb Tunwort

Adjektiv Wiewort

Ich kenne auch die lateinischen Begriffe!

Zweites Wörterverzeichnis

A

aa

der **Aal,** die Aale → 12
das **Aas** (der Aasgeier) → 12

ab

ab

das **Ab|blend|licht** – abblenden
das **ABC** [Abc]
der **Abend,** am Abend → 22
    a|bends
das **A|ben|teu|er,** die Abenteuer → 18
    a|ben|teu|er|lich → 18
    a|ber
der **A|ber|glau|be**
    a|ber|gläu|bisch → 20
die **Ab|fahrt,** die Abfahrten → 12
der **Ab|fall,** die Abfälle → 3
    ab|ge|brannt – abbrennen → 5
    ab|ge|hetzt – abhetzen → 10
    ab|ge|lenkt – ablenken
der **Ab|ge|ord|ne|te,**
    die Abgeordneten
die **Ab|ge|ord|ne|te**
der **Ab|grund,** die Abgründe → 22
    ab|hän|gig sein → 19
sich **ab|här|ten,**
    du härtest dich ab → 19
das **A|bi|tur**
die **Ab|kür|zung** – abkürzen
der **Ab|satz,** die Absätze → 10
    ab|scheu|lich → 18
der **Ab|schied** –
    sich verabschieden → 11, 22
der **Ab|schnitt** – abschneiden → 9
    ab|seits
der **Ab|sen|der** – absenden
die **Ab|sicht,** die Absichten
    ab|sicht|lich
der **Ab|stand,** die Abstände → 22
die **Ab|stim|mung** – abstimmen → 4
    ab|stür|zen, du stürzt ab
das **Ab|teil,** die Abteile
die **Ab|tei|lung,** die Abteilungen
    ab|wärts
    ab|wech|selnd
die **Ab|wechs|lung**
    ab|we|send
die **Ab|zwei|gung**

ac

    ach
die **Ach|se,** die Achsen
die **Ach|sel,** die Achseln
    acht, achtmal
    ach|ten, du achtest
die **Ach|ter|bahn** → 12
    Acht ge|ben, du gibst Acht
die **Ach|tung** – achten
    acht|zehn → 13
    acht|zig

Denke an Zusammensetzungen mit dem Wortbaustein **ab-**.

äc al

ächzen, du ächzt
der **Acker,** die Äcker → 1
die **Action**
ad
addieren, du addierst → 11
die **Addition** – addieren
ade
die **Ader,** die Adern
das **Adjektiv,** die Adjektive
der **Adler,** die Adler
adoptieren, du adoptierst → 11
die **Adresse** – adressieren → 8
die **Adria**
der **Advent**
af
der **Affe** – nachäffen → 2
Afrika – afrikanisch
ag
aggressiv
ah
ahnen, du ahnst → 12
ähnlich → 19
die **Ähnlichkeit** → 19
die **Ahnung** – ahnen → 12
der **Ahorn**
die **Ähre,** die Ähren
ai
das **Aids**
ak
das **Akkordeon,** die Akkordeons
der **Akkusativ**

der **Akrobat,** die Akrobaten
die **Akte,** die Akten
die **Aktion,** die Aktionen
aktiv
aktuell
al
der **Alarm** – alarmieren
albern
der **Albtraum** [Alptraum]
das **Album,** die Alben
der **Alkohol**
Allah
alle, alles → 3 ★
die **Allee,** die Alleen (Birkenallee)
allein → 3 ★
allerdings → 3 ★
die **Allergie,** die Allergien
allerhand → 3 ★
Allerheiligen → 3 ★
Allerseelen → 3 ★
allgemein → 3 ★
allmählich → 3 ★
die **Alm,** die Almen
die **Alpen**
das **Alphabet**
alphabetisch
der **Alptraum** → Albtraum
als
also
alt, älter, am ältesten
der **Altar,** die Altäre

 ★ Denke an den gemeinsamen Wortstamm. ★

A al an

das **Al|ter,** die Alter
    äl|ter, am ältesten – alt → 19
die **A|lu|fo|lie,** die Alufolien
das **A|lu|mi|ni|um**
    am
    am
der **A|ma|teur,** die Amateure
die **A|mei|se,** die Ameisen
    A|me|ri|ka – amerikanisch
die **Am|pel,** die Ampeln
die **Am|sel,** die Amseln
das **Amt,** die Ämter
sich **a|mü|sie|ren,**
    du amüsierst dich → 11
    an
    an ★
die **A|na|nas**
der **An|blick** → 1
die **An|dacht,** die Andachten
    an|däch|tig → 19
das **An|den|ken,** die Andenken
    an|de|re
    än|dern, du änderst → 19
    an|ders
    an|ei|nan|der
der **An|fall,** die Anfälle → 3
der **An|fang,** die Anfänge
    an|fan|gen, du fängst an,
    er fing an
der **An|fän|ger** – anfangen → 19
die **An|fän|ge|rin** → 19

    an|fangs
der **An|ge|ber,** die Angeber
die **An|ge|be|rin**
    an|geb|lich
das **An|ge|bot** – anbieten
der **An|ge|klag|te** – anklagen
die **An|ge|klag|te**
die **An|gel** – angeln
    an|geln, du angelst
    an|ge|nehm → 13
der **An|ge|stell|te** – anstellen → 3
die **An|ge|stell|te** → 3
die **An|ge|wohn|heit** –
    angewöhnen → 14
die **An|gi|na**
    an|grei|fen, du greifst an,
    er griff an
der **An|griff** – angreifen → 2
die **Angst,** die Ängste
    ängst|lich – Angst → 19
der **An|hän|ger** – anhängen → 19
    an|häng|lich → 19
der **An|ker,** die Anker
    an|kreu|zen, du kreuzt an → 18
die **An|kunft** – ankommen
die **An|nah|me** – annehmen → 12
die **An|non|ce,** die Annoncen
der **A|no|rak,** die Anoraks
der **An|ruf** – anrufen
der **An|sa|ger** – ansagen
die **An|sa|ge|rin,** die Ansagerinnen

★ Denke an Zusammensetzungen mit dem Wortbaustein **an-**. ★

an · ar · A

anscheinend
anschließend → 11, 16
der Anschluss,
  die Anschlüsse → 8
anschnallen,
  du schnallst an → 3
die Anschrift – anschreiben
die Ansichtskarte
anständig – Anstand → 19 ★
anstatt → 9
ansteckend – anstecken → 1
sich anstrengen,
  du strengst dich an
anstrengend
die Anstrengung
die Antenne, die Antennen → 5
der Antrag, die Anträge → 23
die Antwort, die Antworten
antworten, du antwortest
anwenden, du wendest an,
  er wandte an
anwesend
die Anzahl → 12
die Anzeige, die Anzeigen
der Anzug, die Anzüge → 23
anzünden, du zündest an
ap
der Apfel, die Äpfel
das Apfelmus
die Apfelsine, die Apfelsinen
die Apotheke, die Apotheken

der Apparat, die Apparate
das Appartement
der Appetit
appetitlich
der Applaus
die Aprikose, die Aprikosen
der April
aq
das Aquarium, die Aquarien
ar
die Arbeit, die Arbeiten
arbeiten, du arbeitest
arbeitslos
der Arbeitslose, die Arbeitslosen
die Arbeitslose
der Architekt, die Architekten
die Architektin
arg, ärger, am ärgsten → 23
ärger, am ärgsten – arg → 19 ★
der Ärger – ärgern → 19
ärgerlich → 19
ärgern, du ärgerst → 19
das Argument – argumentieren
arm, ärmer, am ärmsten
der Arm, die Arme
das Armaturenbrett
der Ärmel, die Ärmel → 19 ★
ärmer, am ärmsten – arm → 19 ★
die Armut
die Art, die Arten
artig

★ Denke an das verwandte Wort mit a. ★

A   ar   au

der **Ar|ti|kel,** die Artikel
der **Ar|tist,** die Artisten
die **Ar|tis|tin,** die Artistinnen
die **Arz|nei,** die Arzneien
der **Arzt,** die Ärzte
die **Ärz|tin,** die Ärztinnen → 19
   as
die **A|sche**
der **A|scher|mitt|woch** → 9
   A|si|en – asiatisch
der **As|phalt** – asphaltieren
das **Ass,** die Asse (Spielkarte) → 8
   er **aß** – essen → 16
der **As|sis|tent**
die **As|sis|ten|tin**
der **Ast,** die Äste
die **As|ter,** die Astern
das **Asth|ma**
der **As|tro|naut,** die Astronauten
die **As|tro|nau|tin**
das **A|syl**
der **A|syl|be|wer|ber**
die **A|syl|be|wer|be|rin**
   at
der **A|tem** – atmen
   a|tem|los
der **Ath|let,** die Athleten
die **Ath|le|tin,** die Athletinnen
der **At|lan|tik**
der **At|las,** die Atlanten [Atlasse]
   at|men, du atmest

das **A|tom,** die Atome
das **A|tom|kraft|werk**
das **At|test,** die Atteste
   au
   auch
   auf ★
   auf|dring|lich
   auf|ei|nan|der
der **Auf|ent|halt,** die Aufenthalte
   auf|fäl|lig – auffallen → 19, 3
   auf|for|dern, du forderst auf
   auf|fors|ten, es wird
   aufgeforstet
die **Auf|ga|be** – aufgeben
der **Auf|gang,** die Aufgänge
   auf|ge|regt – aufregen
der **Auf|hän|ger** – aufhängen
   auf|hö|ren, du hörst auf
   auf|merk|sam
die **Auf|merk|sam|keit**
die **Auf|nah|me** – aufnehmen → 12
   auf|pas|sen, du passt auf → 8
   auf|pral|len, es prallt auf → 3
   auf|räu|men, du räumst auf → 20
sich **auf|re|gen,** du regst dich auf
   auf|re|gend
die **Auf|re|gung**
der **Auf|satz,** die Aufsätze → 10
der **Auf|schnitt** –
   aufschneiden → 9
die **Auf|sicht,** die Aufsichten

★ Nicht alle Zusammensetzungen mit **auf-** stehen hier. ★

der **Auf|trag,** die Aufträge → 23
der **Auf|tritt** – auftreten → 9
auf|wärts
auf|we|cken, du weckst auf → 1
der **Auf|zug,** die Aufzüge → 23
das **Au|ge,** die Augen
der **Au|gen|blick,**
  die Augenblicke → 1
die **Au|gen|braue,** die Augenbrauen
das **Au|gen|lid,** die Augenlider → 22
der **Au|gust**
die **Au|la,** die Aulas [Aulen]
  aus
  aus
  aus|bes|sern,
    du besserst aus → 8
die **Aus|bil|dung** – ausbilden
  aus|brei|ten, du breitest aus
die **Aus|dau|er**
  aus|dau|ernd
der **Aus|druck,** die Ausdrücke → 1
  aus|drück|lich → 1
  aus|ei|nan|der
der **Aus|flug,** die Ausflüge → 23
  aus|führ|lich
die **Aus|ga|be** – ausgeben
der **Aus|gang,** die Ausgänge
  aus|ge|ben, du gibst aus,
    er gab aus
  aus|ge|rech|net
  aus|ge|zeich|net

aus|gie|big → 11
der **Aus|gleich** – ausgleichen
  aus|he|cken, du heckst aus → 1
die **Aus|kunft,** die Auskünfte
das **Aus|land** → 22
der **Aus|län|der,** die Ausländer → 19
die **Aus|län|de|rin** → 19
  aus|län|disch → 19
  aus|lei|hen, du leihst aus
die **Aus|nah|me** – ausnehmen → 12
  aus|nahms|wei|se → 12
der **Aus|puff,** die Auspuffe → 2
die **Aus|re|de,** die Ausreden
  aus|rei|chend
der **Aus|rei|ßer** – ausreißen → 16
der **Aus|schlag,** die Ausschläge
  aus|schließ|lich → 11, 16
  au|ßen → 16
  au|ßer → 16
  au|ßer|dem → 16
  au|ßer|halb → 16
sich **äu|ßern,**
  du äußerst dich → 20, 16
  au|ßer|or|dent|lich → 16
  äu|ßerst → 20, 16
die **Aus|sicht,** die Aussichten
  aus|sichts|los
die **Aus|stel|lung** – ausstellen → 3
  Aus|tra|li|en – australisch
  aus|wärts
der **Aus|weis** – sich ausweisen

⭐ Denke an Zusammensetzungen mit dem Wortbaustein **aus-**. ⭐

auswendig
der **Auszubildende,**
die Auszubildenden
die **Auszubildende**
aut
das **Auto,** die Autos
das **Autogramm,**
die Autogramme → 4
der **Automat,** die Automaten
automatisch
der **Autor,** die Autoren
die **Autorin,** die Autorinnen
ax
die **Axt,** die Äxte

B

ba
das **Baby,** die Babys
der **Bach,** die Bäche
die **Backe,** die Backen → 1
backen, du backst
[bäckst] (Kuchen backen) → 1
der **Bäcker** – backen → 19, 1
die **Bäckerei** – backen → 19, 1
das **Bad,** die Bäder → 22
baden, du badest

Baden-Württemberg –
baden-württembergisch
der **Bagger,** die Bagger
baggern, du baggerst
die **Bahn,** die Bahnen → 12
der **Bahnsteig,**
die Bahnsteige → 12
die **Bahre,** die Bahren → 12
die **Bakterie,** die Bakterien
balancieren,
du balancierst → 11
bald
der **Balken,** die Balken
der **Balkon,** die Balkone [Balkons]
der **Ball,** die Bälle → 3
das **Ballett** → 9
der **Ballon,** die Ballone [Ballons]
die **Banane,** die Bananen
das **Band,** die Bänder → 22
der **Band,** die Bände
(Bücher) → 22
die **Band,** die Bands
(Musikgruppe)
er **band** – binden → 22
die **Bande** (Räuberbande)
die **Bank,** die Bänke (Gartenbank)
die **Bank,** die Banken
(das Geldinstitut)
bar
die **Bar,** die Bars
der **Bär,** die Bären

Beim verlängerten Wort hörst du das **d** deutlich.

bar  **be**

die **Ba|ra|cke,** die Baracken → 1
bar|fuß → 16
das **Bar|geld** → 22
das **Ba|ro|me|ter,** die Barometer
der **Bar|ren,** die Barren → 7
barsch
der **Bart,** die Bärte
der **Ba|sar** [Bazar], die Basare
der **Bas|ket|ball** → 3
der **Bass,** die Bässe
(Kontrabass) → 8
bas|teln, du bastelst
er **bat** – bitten
die **Bat|te|rie,** die Batterien → 9
der **Bau,** die Bauten
der **Bauch,** die Bäuche
bau|en, du baust
der **Bau|er,** die Bauern
die **Bäu|e|rin,** die Bäuerinnen → 20
bau|fäl|lig → 3
der **Baum,** die Bäume
Bay|ern – bayerisch
der **Ba|zar** → Basar
die **Ba|zil|len** → 3
be
be|ach|ten, du beachtest
der **Be|am|te,** die Beamten
die **Be|am|tin,** die Beamtinnen
be|an|tra|gen, du beantragst
be|ben, du bebst
der **Be|cher,** die Becher

das **Be|cken,** die Becken → 1
be|däch|tig → 19
sich **be|dan|ken,** du bedankst dich
be|dau|er|lich
be|dau|ern, du bedauerst
be|deu|tend → 18
die **Be|deu|tung** – bedeuten → 18
die **Be|die|nung** – bedienen → 11
die **Be|din|gung** – bedingen
be|droh|lich → 14
das **Be|dürf|nis,** die Bedürfnisse
sich **be|ei|len,** du beeilst dich ★
be|ein|druckt → 1 ★
be|ein|flus|sen,
du beeinflusst mich → 8 ★
be|en|den, du beendest ★
die **Be|er|di|gung** – beerdigen ★
die **Bee|re,** die Beeren → 13
das **Beet,** die Beete
(Blumenbeet) → 13
er **be|fahl** – befehlen → 12
er **be|fand** sich – sich befinden
der **Be|fehl,** die Befehle → 13
be|feh|len, du befiehlst,
er befahl → 13
du **be|fiehlst** – befehlen → 11
sich **be|fin|den,** du befindest dich,
er befand sich
be|foh|len – befehlen → 14
be|freun|det → 18
be|frie|di|gend → 11

 -ee- entsteht durch Zusammensetzen mit dem Wortbaustein **be-**. ★

be**fruch**|ten, es wird befruchtet
be**gabt**
die Be**ga**|bung
 er be**gann** – beginnen → 5
    be**geg**|nen, du begegnest
die Be**geg**|nung – begegnen
sich be**geis**|tern,
    du begeisterst dich
der Be**ginn** – beginnen → 5
    be**gin**|nen, du beginnst,
    er begann → 5
    be**glei**|ten, du begleitest
der Be**glei**|ter, die Begleiter
    be**glück**|wün|schen,
    du beglückwünschst → 1
    be**gon**|nen – beginnen → 5
das Be**gräb**|nis – begraben → 19
    be**grei**|fen, du begreifst,
    er begriff
der Be**griff**, die Begriffe → 2
    be**grün**|den, du begründest
    be**grü**|ßen, du begrüßt → 16
    be**haart** → 12
    be**hag**|lich
    be**hal**|ten, du behältst,
    er behielt
der Be**häl**|ter, die Behälter → 19
 du be**hältst** – behalten → 19
die Be**hand**|lung – behandeln
    be**harr**|lich → 7
    be**haup**|ten, du behauptest

die Be**haup**|tung – behaupten
sich be**herr**|schen,
    du beherrschst dich → 7
    be**herzt**
 er be**hielt** – behalten → 11
    be**hilf**|lich
    be**hin**|dern, du behinderst
der Be**hin**|derte
die Be**hin**|derte
die Be**hin**|de|rung,
    die Behinderungen
    be**hü**|ten, du behütest
    be**hut**|sam
    bei
    bei ✦
die **Beich**|te – beichten
    bei|de
der **Bei**|fah|rer, die Beifahrer → 12
die **Bei**|fah|re|rin → 12
der **Bei**|fall → 3
    beige (beige Farbe)
das **Beil**, die Beile
das **Bein**, die Beine
    bei|na|he
    bei|sam|men → 4
das **Bei**|spiel, die Beispiele
    (zum Beispiel [z. B.]) → 11
    bei|ßen, du beißt, er biss → 16
der **Bei**|trag, die Beiträge → 23
    bek
 er be**kam** – bekommen

✦ Nicht alle Zusammensetzungen mit **bei-** stehen hier. ✦

bek  ber

bekannt → 5
der **Bekannte,** die Bekannten → 5
die **Bekannte** → 5
sich **bekleckern,**
  du bekleckerst dich → 1
die **Bekleidung** (Kleider) ✸
  bekommen, du bekommst,
  er bekam → 4
bel
der **Belag,** die Beläge → 23
die **Belästigung** – belästigen ✸
  beleidigen, du beleidigst
  beleidigt
die **Beleidigung** – beleidigen ✸
die **Beleuchtung** – beleuchten ✸
  Belgien – belgisch
  belichtet – belichten
  beliebt → 11
  bellen, er bellt (laut bellen) → 3
  belohnen, du belohnst → 14
die **Belohnung** – belohnen → 14 ✸
bem
die **Bemerkung** – bemerken ✸
sich **bemühen,** du bemühst dich
ben
  benachrichtigen,
  du benachrichtigst
  er **benahm** sich –
  sich benehmen → 12
sich **benehmen,** du benimmst
  dich, er benahm sich → 13

  beneiden, du beneidest
  du **benimmst** dich –
  sich benehmen → 4
  benommen –
  sich benehmen → 4
  benötigen, du benötigst
  benutzen, du benutzt → 10
das **Benzin,** die Benzine
beo
  beobachten, du beobachtest
die **Beobachtung** – beobachten ✸
beq
  bequem
ber
der **Berater** – beraten
die **Beraterin**
  berechtigt
die **Berechtigung,**
  die Berechtigungen ✸
der **Bereich,** die Bereiche
  bereit
  bereiten, du bereitest
  bereits
  bereuen, du bereust → 18
der **Berg,** die Berge → 23
  bergab
  bergauf
  bergig
die **Bergung** – bergen ✸
der **Bericht,** berichten
  berichten, du berichtest

✸ Wörter mit der Nachsilbe **-ung** sind Namenwörter (Nomen). ✸

die **Be|rich|ti|gung,**
  die Berichtigungen ★
  be|rie|seln → 11
  Ber|lin – berlinerisch
  be|rüch|tigt
  be|rück|sich|ti|gen,
  du berücksichtigst → 1
der **Be|ruf,** die Berufe
  be|ruf|lich
  be|rufs|tä|tig → 19
  be|ru|hi|gen, du beruhigst
  be|ru|higt
die **Be|ru|hi|gung** ★
  be|rühmt
die **Be|rüh|rung** – berühren ★
  bes
er **be|sann** sich – sich besinnen → 5
er **be|saß** – besitzen → 16
  be|schä|di|gen,
  du beschädigst → 19
sich **be|schäf|ti|gen,**
  du beschäftigst dich
  be|schäf|tigt
die **Be|schäf|ti|gung** ★
  Be|scheid sagen
  be|schei|den
die **Be|schei|ni|gung** –
  bescheinigen ★
die **Be|sche|rung** – bescheren ★
  be|schleu|ni|gen,
  du beschleunigst → 18

  be|schlie|ßen, du beschließt,
  er beschloss → 11, 16
er **be|schloss** – beschließen
  be|schlos|sen –
  beschließen → 8
der **Be|schluss,**
  die Beschlüsse → 8
sich **be|schmut|zen,**
  du beschmutzt dich → 10
  be|schrif|ten, du beschriftest
  be|schul|di|gen, du beschuldigst
  be|schüt|zen,
  du beschützt → 10
sich **be|schwe|ren,**
  du beschwerst dich
  be|sei|ti|gen, du beseitigst
der **Be|sen,** die Besen
  be|ses|sen – besitzen → 8
  be|setzt → 10
  be|sich|ti|gen, du besichtigst
die **Be|sich|ti|gung** – besichtigen ★
sich **be|sin|nen,** du besinnst dich,
  er besann sich → 5
  be|sit|zen, du besitzt,
  er besaß → 10
  be|son|ders
  be|son|nen – besinnen → 5
die **Be|sor|gung** – besorgen ★
die **Be|spre|chung** – besprechen ★
  bes|ser, am besten – gut → 8
er **be|stand** – bestehen → 22

★ Wörter mit der Nachsilbe **-ung** sind Namenwörter (Nomen). ★

be|stan|den – bestehen
die **Be|stä|ti|gung** – bestätigen ✸
die **Be|stäu|bung** –
bestäuben → 20 ✸
das **Be|steck,** die Bestecke → 1
be|ste|hen, du bestehst,
er bestand
die **Be|stel|lung** – bestellen → 3 ✸
am **bes|ten** – gut
die **Bes|tie,** die Bestien
be|stimmt → 4
die **Be|stra|fung** – bestrafen ✸
der **Be|such** – besuchen

bet

be|täubt → 20
die **Be|täu|bung** → 20 ✸
sich be|tei|li|gen, du beteiligst dich
be|ten, du betest
der **Be|ton** – betonieren
be|to|nen, du betonst
be|trach|ten, du betrachtest
der **Be|trag,** die Beträge → 23
sich be|tra|gen, du beträgst dich,
er betrug sich
du be|trägst dich – betragen → 19
be|treu|en, du betreust → 18
der **Be|trieb,** die Betriebe → 11
er be|trog – betrügen → 23
be|tro|gen – betrügen
be|trübt
der **Be|trug** → 23

er **be|trug** sich – sich betragen
be|trü|gen, du betrügst,
er betrog
das **Bett,** die Betten
(Kinderbett) → 9
bet|teln, du bettelst → 9
der **Bett|ler** – betteln → 9
die **Bett|le|rin,** die Bettlerinnen → 9

beu

die **Beu|le,** die Beulen → 18
die **Beu|te** → 18
der **Beu|tel,** die Beutel → 18

bev

die **Be|völ|ke|rung** – bevölkern ✸
be|vor
be|vor|zu|gen, du bevorzugst

bew

er **be|warb** sich – sich bewerben
sich be|we|gen, du bewegst dich
be|weg|lich
die **Be|we|gung** ✸
der **Be|weis** – beweisen
sich be|wer|ben, du bewirbst dich,
er bewarb sich
die **Be|wer|bung** ✸
du **be|wirbst** dich – sich bewerben
die **Be|woh|ner** – bewohnen → 14
be|wölkt
die **Be|wöl|kung** ✸
be|wun|dern, du bewunderst
be|wusst|los → 8

✸ Wörter mit der Nachsilbe **-ung** sind Namenwörter (Nomen). ✸

bez
bezahlen, du bezahlst → 12
die Beziehung → 11
der Bezirk, die Bezirke
der Bezug – beziehen → 23

bi
die Bibel, die Bibeln
der Biber, die Biber
die Bibliothek, die Bibliotheken
biegen, du biegst, er bog → 11 ⭐
biegsam → 11 ⭐
die Biegung – biegen → 11 ⭐
die Biene, die Bienen → 11
das Bier, die Biere → 11
das Biest, die Biester → 11
bieten, du bietest, er bot
der Bikini, die Bikinis
das Bild, die Bilder → 22
der Bildschirm
die Bildung – sich bilden
billig → 3
ich bin, du bist, er war – sein
die Binde, die Binden
binden, du bindest, er band
die Bindung, die Bindungen
die Biologie
das [der] Biotop, die Biotope
die Birke, die Birken
die Birne, die Birnen
bis (von 8 bis 12 Uhr)

der Bischof, die Bischöfe
bisher
der Biss, die Bisse (Hundebiss) → 8
er biss – beißen → 8
ein bisschen → 8
bissig → 8
du bist, du warst – sein
das Bit, die Bits
die Bitte – bitten → 9
bitten, du bittest, er bat → 9
bitter → 9

bl
die Blamage, die Blamagen
sich blamieren, du blamierst dich → 11
blank
die Blase, die Blasen
blasen, du bläst, er blies
blass → 8
du bläst – blasen → 19
das Blatt, die Blätter → 9
blättern, du blätterst → 19, 9
blau
das Blech, die Bleche
bleiben, du bleibst, er blieb
bleich
der Bleistift, die Bleistifte
blenden, du wirst geblendet
der Blick, die Blicke → 1
blicken, du blickst → 1
er blieb – bleiben → 11
er blies – blasen → 11

⭐ Denke an den gemeinsamen Wortstamm. ⭐

bl  **br**

blind – der Blinde → 22
der **Blind|darm**
blin|ken, du blinkst
der **Blin|ker** – blinken
blin|zeln, du blinzelst
der **Blitz,** die Blitze → 10
blitz|blank → 10
blit|zen, es blitzt → 10
der **Block,** die Blöcke → 1
der **Blöd|sinn** – blöd[e] → 5
blond → 22
bloß → 16
blü|hen, es blüht
die **Blu|me,** die Blumen
die **Blu|se,** die Blusen
das **Blut** – blutig
die **Blü|te,** die Blüten
blu|ten, du blutest
bo
der **Bob,** die Bobs
der **Bock,** die Böcke → 1
bo|ckig → 1
der **Bo|den,** die Böden
er **bog** – biegen → 23
der **Bo|gen,** die Bogen [Bögen]
die **Boh|ne,** die Bohnen → 14 ✹
boh|ren, du bohrst → 14 ✹
der **Boh|rer,** die Bohrer → 14 ✹
der **Boi|ler,** die Boiler
die **Bo|je,** die Bojen
die **Bom|be,** die Bomben

der [das] **Bon|bon,** die Bonbons
das **Boot,** die Boote (Segelboot) –
das Bötchen → 14 ✹
an **Bord**
bor|gen, du borgst
die **Bors|te,** die Borsten
bös [bö|se], nichts Böses
die **Bö|schung,** die Böschungen
bos|haft
die **Bos|heit**
er **bot** – bieten
der **Bo|te,** die Boten (Postbote)
die **Bo|tin** (Postbotin)
die **Bot|schaft,** die Botschaften
bo|xen, du boxt
der **Bo|xer** – boxen
br
er **brach** – brechen
er **brach|te** – bringen
der **Brand,** die Brände → 22
Bran|den|burg –
brandenburgisch
die **Bran|dung**
es **brann|te** – brennen → 5
bra|ten, du brätst, er briet
der **Bra|ten,** die Braten
du **brätst** – braten → 19
der **Brauch,** die Bräuche
brau|chen, du brauchst
die **Brau|e|rei** – brauen
braun

 Diese Wörter enthalten Dehnungszeichen.

bräu|nen, du bräunst → 20
die Brau|se, die Brausen
brau|sen, du braust
die Braut, die Bräute
der Bräu|ti|gam, die Bräutigame
brav
bra|vo
bre|chen, du brichst, er brach
der Brei, die Breie
breit
die Brei|te, die Breiten
Bre|men – bremisch
die Brem|se, die Bremsen
brem|sen, du bremst
bren|nen, es brennt, es brannte → 5
die Brenn|nes|sel, die Brennnesseln → 5, 8
brenz|lig ✦
das Brett, die Bretter → 9
die Bre|zel, die Brezeln
du brichst – brechen
der Brief, die Briefe → 11
er briet – braten → 11
das Bri|kett, die Briketts → 9
die Bril|le, die Brillen → 3
brin|gen, du bringst, er brachte
die Bri|se (leichter Wind)
der Bri|te
die Bri|tin
brö|ckeln, es bröckelt → 1

der Bro|cken, die Brocken → 1
die Brom|bee|re, die Brombeeren → 13
die Bron|ze|me|dail|le, die Bronzemedaillen
das Brot, die Brote
das Bröt|chen, die Brötchen
der Bruch, die Brüche
die Brü|cke, die Brücken → 1
der Bru|der, die Brüder
die Brü|he
brül|len, du brüllst → 3
brum|men, du brummst → 4
brum|mig → 4 ✦
der Brun|nen, die Brunnen → 5
die Brust, die Brüste
das Brust|schwim|men → 4
die Brut
bru|tal
die Bru|ta|li|tät
brü|ten, er brütet
brut|zeln, es brutzelt → 10
bu
der Bub, die Buben → 21
das Buch, die Bücher
die Bu|che, die Buchen
die Bü|che|rei, die Büchereien
die Büch|se, die Büchsen
der Buch|sta|be, die Buchstaben
buch|sta|bie|ren, du buchstabierst → 11

✦ Wörter mit der Nachsilbe **-ig** sind Wiewörter (Adjektive). ✦

die **Buch|t,** die Buchten
der **Buc|kel,** die Buckel → 1
buc|ke|lig [buck|lig] → 1
sich **bü|cken,** du bückst dich → 1
bud|deln, du buddelst
die **Bu|de,** die Buden
der **Bü|gel,** die Bügel
bü|geln, du bügelst
bu|hen, du buhst
die **Büh|ne,** die Bühnen
der **Bull|dog,** die Bulldogs → 3
die **Bull|dog|ge,** die Bulldoggen → 3
der **Bul|le,** die Bullen → 3
der **Bu|me|rang,** die Bumerangs
[Bumerange]
bum|meln, du bummelst → 4
das **Bund** (Schlüsselbund) → 22
der **Bund,** die Bünde
(Geheimbund) → 22
das **Bün|del,** die Bündel
der **Bun|des|kanz|ler**
die **Bun|des|li|ga**
die **Bun|des|re|pub|lik**
die **Bun|des|wehr** → 13
der **Bun|ga|low,** die Bungalows
bunt
der **Bunt|stift**
die **Burg,** die Burgen → 23
der **Bür|ger,** die Bürger
die **Bür|ge|rin,** die Bürgerinnen
der **Bür|ger|meis|ter**

die **Bür|ger|meis|te|rin**
das **Bü|ro,** die Büros
der **Bur|sche,** die Burschen
die **Bürs|te,** die Bürsten
bürs|ten, du bürstest
der **Bus,** die Busse (Autobus)
der **Busch,** die Büsche
bu|schig
der **Bu|sen,** die Busen
der **Bus|sard,** die Bussarde → 8
die **Bu|ße** (Buße tun) → 16
bü|ßen, du büßt → 16
die **But|ter** → 9

C

c
das **Cab|rio** → Kabrio
das **Ca|fé,** die Cafés
cam|pen, du campst
der **Cam|ping|platz** → 10
der **CD-Play|er,** die CD-Player
die **CD-ROM,** die CD-ROM[s]
das **Cel|lo,** die Celli (die Cellos)
das **Cel|lo|phan** → Zellophan
Cel|si|us (5° Celsius)
der **Cent,** die Cents

 c am Wortanfang wird verschieden gesprochen.

C
D

die **Chan|ce,** die Chancen ✻
das **Cha|os** ✻
der **Cha|rak|ter,** die Charaktere ✻
der **Chef,** die Chefs ✻
die **Che|fin,** die Chefinnen ✻
die **Che|mie** ✻
   chic → schick ✻
   Chi|na – chinesisch ✻
der **Chi|ne|se,** die Chinesen ✻
die **Chi|ne|sin,** die Chinesinnen ✻
der **Chip,** die Chips ✻
der **Chor,** die Chöre ✻
der **Christ,** die Christen ✻
der **Christ|baum** ✻
das **Christ|kind** ✻
   christ|lich ✻
   Chris|tus ✻
   cir|ca → zirka
der **Cir|cus** → Zirkus
die **Ci|ty**
   cle|ver
der **Clip** → Klipp
der **Clown,** die Clowns
der **Club** → Klub
   Co|la
der **Co|mic,** die Comics
der **Com|pu|ter,** die Computer
der **Con|tai|ner,** die Container
   cool (cool sein)
die **Corn|flakes**
die **Couch,** die Couches

der **Cou|sin,** die Cousins
die **Cou|si|ne** → Kusine
der **Cow|boy,** die Cowboys
die **Creme** [Krem], die Cremes
die **Cur|ry|wurst,** die Currywürste

D

da
   da
   da|bei
das **Dach,** die Dächer
   er **dach|te** – denken
der **Da|ckel,** die Dackel → 1
   da|durch
   da|für
   da|ge|gen
   da|heim
   da|her
   da|mals
die **Da|me,** die Damen
   da|mit
   däm|lich
der **Damm,** die Dämme → 4
   däm|mern, es dämmert → 4
die **Däm|me|rung** → 4
der **Dampf,** die Dämpfe
   damp|fen, es dampft

✻ **ch** am Wortanfang wird verschieden gesprochen. ✻

der **Damp|fer,** die Dampfer
da|nach
Dä|ne|mark – dänisch
der **Dank** – danken
dank|bar
dan|ken, du dankst mir
dann → 5
da|ran [dran] ★
da|rauf [drauf] ★
da|raus [draus] ★
du **darfst** – dürfen
da|rin [drin] ★
der **Darm,** die Därme
da|rü|ber [drü|ber] ★
da|rum [drum] ★
da|run|ter [drun|ter] ★
das (das Kind)
dass (sich freuen, dass …)
das|sel|be
der **Da|tiv**
das **Da|tum,** die Daten
die **Dau|er**
dau|ern, es dauert
dau|ernd
der **Dau|men,** die Daumen
da|von
da|vor
da|zu
da|zwi|schen
de
das **Deck,** die Decks → 1

die **De|cke,** die Decken → 1
der **De|ckel,** die Deckel → 1
de|cken, du deckst → 1
de|fekt
deh|nen, du dehnst → 13
der **Deich,** die Deiche (Deichbruch)
die **Deich|sel,** die Deichseln
dein, deine, deiner
dei|net|we|gen
der **Del|fin** → Delphin
die **Del|le,** die Dellen → 3
der **Del|phin** [Delfin], die Delphine
dem
dem|nächst
die **De|mo|kra|tie,** die Demokratien
de|mo|kra|tisch
die **De|mons|tra|ti|on** – demonstrieren
den
den|ken, du denkst, er dachte
das **Denk|mal,** die Denkmäler
denn (Wo denn?) → 5
den|noch
der
derb → 21
der|sel|be
des
des|halb
des|sen → 8
des|to (desto besser)

D

★ Du kannst diese Wörter auch erst nach dem **r** trennen, z.B.: **dar-an**. ★

de  **do**

der **De|tek|tiv,** die Detektive
deu|ten, du deutest → 18
deut|lich –
die Deutlichkeit → 18 ✦
der **Deut|sche,** die Deutschen → 18
die **Deut|sche** → 18
Deutsch|land – deutsch → 18
der **De|zem|ber**
der **De|zi|me|ter**
    di
das **Dia,** die Dias
der **Dia|lekt,** die Dialekte
der **Dia|mant,** die Diamanten
die **Di|ät**
dich
dicht
dich|ten, du dichtest
der **Dich|ter,** die Dichter
die **Dich|te|rin**
die **Dich|tung,** die Dichtungen
dick → 1
das **Di|ckicht** → 1
der **Dick|kopf** → 1
    die
der **Dieb,** die Diebe → 11, 21
der **Dieb|stahl** → 11, 12
die **Die|le,** die Dielen → 11
die|nen, du dienst → 11
der **Dienst,** die Dienste → 11
der **Diens|tag,** am Dienstag → 11
diens|tags → 11

dienst|lich → 11 ✦
dies, diese, dieser, dieses → 11
die|sel|be
der **Die|sel|mo|tor** → 11
die|sig → 11
dies|mal → 11
die **Dif|fe|renz,** die Differenzen → 2
das **Dik|tat,** die Diktate
dik|tie|ren, du diktierst → 11
das **Ding,** die Dinge
der **Di|no|sau|ri|er**
dir
di|rekt
der **Di|rek|tor,** die Direktoren
die **Di|rek|to|rin**
der **Di|ri|gent** – dirigieren
die **Di|ri|gen|tin,** die Dirigentinnen
die **Dis|ket|te,** die Disketten → 9
die **Dis|ko|thek,** die Diskotheken
die **Dis|kus|si|on** – diskutieren → 8
die **Dis|tel,** die Disteln
di|vi|die|ren, du dividierst → 11
die **Di|vi|si|on** – dividieren
    do
doch
der **Docht,** die Dochte
der **Dok|tor,** die Doktoren
die **Dok|to|rin**
der **Dolch,** die Dolche
der **Dol|lar,** die Dollars → 3
der **Dol|met|scher,** die Dolmetscher

✦ Wörter mit der Nachsilbe **-lich** sind Wiewörter (Adjektive). ✦

die **Dol|met|sche|rin**
der **Dom,** die Dome
der **Domp|teur,** die Dompteure → 18
die **Domp|teu|se,** die Dompteusen
die **Do|nau**
der **Dö|ner Ke|bab**
der **Don|ner** – donnern → 5
    don|nern, es donnert → 5
der **Don|ners|tag,** am Donnerstag
    don|ners|tags → 5
    doof → 14
    dop|pelt → 6
das **Dorf,** die Dörfer
der **Dorn,** die Dornen
    dor|nig ✦
    dort
die **Do|se,** die Dosen
    dö|sen, du döst
das [der] **Dot|ter,** die Dotter → 9
    dr
der **Dra|che,** die Drachen
der **Dra|chen,** die Drachen
der **Draht,** die Drähte → 12
    dran
    drän|geln, du drängelst
    drän|gen, du drängst → 19
    drauf
    drau|ßen → 16
der **Dreck** – verdrecken → 1
    dre|ckig → 1 ✦
    dre|hen, du drehst

    drei, dreimal
das **Drei|eck,** die Dreiecke → 1
    drei|eckig → 1 ✦
    drei|ßig → 16
    drei|zehn → 13
    dre|schen, du drischst,
    er drosch
der **Dress** (Sportdress) → 8
    dres|sie|ren, du dressierst → 11
    drib|beln, du dribbelst
    (mit dem Ball dribbeln)
    drin
    drin|gend
    drin|nen → 5
 du **drischst** – dreschen
    drit|tens → 9
die **Dro|ge,** die Drogen
die **Dro|ge|rie,** die Drogerien
    dro|hen, du drohst
    dröh|nen, es dröhnt
die **Dro|hung** – drohen
    drol|lig → 3 ✦
 er **drosch** – dreschen
die **Dros|sel,** die Drosseln → 8
der **Druck,** die Drucke → 1
    drü|cken, du drückst → 1
die **Dru|cke|rei,** die Druckereien → 1
    drum
die **Drü|se,** die Drüsen
    ds
der **Dschun|gel**

✦ Wörter mit der Nachsilbe **-ig** sind Wiewörter (Adjektive). ✦

du
    du
der **Dü|bel,** die Dübel
sich **du|cken,** du duckst dich → 1
der **Duft,** die Düfte
    duf|ten, du duftest
    dul|den, du duldest
    dumm, dümmer, am dümmsten → 4
    düm|mer, am dümmsten – dumm
die **Dumm|heit,** die Dummheiten → 4
    dumpf
die **Dü|ne,** die Dünen (Sanddüne)
der **Dün|ger** – düngen
    dun|kel
die **Dun|kel|heit**
    dünn → 5
der **Dunst,** die Dünste
    durch ★
    durch|ein|an|der
    durch|läs|sig → 19, 8
    durch|que|ren, du durchquerst
der **Durch|schnitt** – durchschnittlich → 9
    dür|fen, du darfst, er durfte
er **durf|te** – dürfen
    dürr → 7
der **Durst**
    durs|tig

die **Du|sche,** die Duschen (der Duschraum)
    du|schen, du duschst
der **Dü|sen|jä|ger,** die Düsenjäger
    düs|ter
das **Dut|zend,** die Dutzende → 10
dy
der **Dy|na|mo,** die Dynamos

E

e
die **Eb|be**
    e|ben
die **E|be|ne,** die Ebenen
    e|ben|falls → 3
    e|ben|so
das **E|cho,** die Echos
    echt (echter Schmuck)
die **E|cke,** die Ecken → 1
    e|ckig → 1
das **E|del|weiß** → 16
der **E|feu**
    e|gal
die **Eg|ge** – eggen
der **E|go|ist** – egoistisch
eh
die **E|he** (das Ehepaar)

★ Denke an Zusammensetzungen mit dem Wortbaustein **durch-**. ★

ehe (bevor)
eher
die Ehre – ehren → 13
ehrgeizig → 13
ehrlich → 13
ei
das Ei, die Eier
die Eiche, die Eichen
die Eichel, die Eicheln
das Eichhörnchen,
die Eichhörnchen
die Eidechse, die Eidechsen
eifersüchtig
eifrig
eigen (das eigene Zimmer)
eigenartig
die Eigenschaft,
die Eigenschaften
eigensinnig → 5
eigentlich
das Eigentum, die Eigentümer
sich eignen, du eignest dich
die Eile
eilen, du eilst
eilig
der Eimer, die Eimer
ein
ein, eine, einer
einander ★
die Einbahnstraße → 12, 16
der Einband, die Einbände → 22

sich einbilden, du bildest dir ein
der Einbrecher, die Einbrecher
der Einbruch, die Einbrüche
eindeutig → 18
der Eindruck, die Eindrücke → 1
einfach – das Einfachste
einfädeln, du fädelst ein → 19
der Einfall, die Einfälle → 3
der Einfluss, die Einflüsse → 8
eingebildet
die Eingeborenen
einheften, du heftest ein
einheimisch
die Einheimischen
einhundert
einig
einige
sich einigen, du einigst dich
einigermaßen → 16
einladen, du lädst ein,
er lud ein
einmal
das Einmaleins
einmalig
die Einnahme – einnehmen → 12
einpacken, du packst ein → 1
sich einprägen, du prägst dir ein
einrahmen, du rahmst ein → 12
die Einrichtung, die Einrichtungen
eins
einsam

★ Du kannst dieses Wort auch anders trennen: **ein-an-der**. ★

die **Ein|sam|keit**
ein|sei|tig ⭐
ein|sper|ren, er ist eingesperrt
ein|spu|rig ⭐
einst
ein|stim|mig → 4 ⭐
der **Ein|tritt** – eintreten → 9
ein|ver|stan|den
der **Ein|wand,** die Einwände → 22
ein|wand|frei
die **Ein|weg|fla|sche**
der **Ein|woh|ner,** die Einwohner → 14
die **Ein|woh|ne|rin** → 14
die **Ein|zahl** → 12
die **Ein|zel|heit,** die Einzelheiten
ein|zeln – der Einzelne
ein|zig – der Einzige ⭐
ein|zig|ar|tig ⭐
eis
das **Eis**
das **Ei|sen,** die Eisen
die **Ei|sen|bahn,** die Eisenbahnen
ei|sern
das **Eis|ho|ckey** → 1
ei|sig ⭐
eit
ei|tel
die **Ei|tel|keit**
der **Ei|ter**
ei|te|rig [eit|rig] ⭐
ei|tern, es eitert

ek
der **Ekel**
eke|lig [ek|lig] ⭐
sich **e|keln,** du ekelst dich
el
e|las|tisch
die **El|be**
der **Ele|fant,** die Elefanten
ele|gant
der **Elek|tri|ker,** die Elektriker
elek|trisch
die **Elek|tri|zi|tät**
elend (sich elend fühlen) → 22
das **Elend**
elf
der **Ell|bo|gen [El|len|bo|gen]** → 3
die **El|tern**
em
die **E-Mail,** die E-Mails
(elektronische Nachricht)
er **emp|fahl** – empfehlen → 12
er **emp|fand** – empfinden → 22
emp|fan|gen, du empfängst,
er empfing
der **Emp|fän|ger,**
die Empfänger → 19
die **Emp|fän|ge|rin** → 19
du **emp|fängst** – empfangen → 19
emp|feh|len, du empfiehlst,
er empfahl → 13
du **emp|fiehlst** – empfehlen → 11

⭐ Wörter mit der Nachsilbe **-ig** sind Wiewörter (Adjektive). ⭐

em  **ent**

empfinden, du empfindest, er empfand
empfindlich
er empfing – empfangen
empfohlen – empfehlen → 14
empfunden – empfinden
empor
die Empore, die Emporen
sich empören, du empörst dich
empört
emsig
en
das Ende, die Enden (Wochenende)
am Ende
endgültig
endlich
endlos
die Energie, die Energien → 11
energisch
eng
der Engel, die Engel
England – englisch
der Engländer, die Engländer → 19
die Engländerin → 19
das Englisch
der Enkel, die Enkel
die Enkelin
enorm
ent
die Entbindung – entbinden
entdecken, du entdeckst → 1

die Entdeckung – entdecken → 1
die Ente, die Enten (Entenfeder)
sich entfernen, du entfernst dich
die Entfernung – entfernen
entgegen
entgegnen, du entgegnest
entgleisen, er entgleist
entlang
entrüstet
die Entscheidung – entscheiden
entschieden → 11
sich entschließen,
du entschließt dich,
er entschloss sich → 11, 16
entschlossen → 8
der Entschluss –
sich entschließen → 8
sich entschuldigen,
du entschuldigst dich
die Entschuldigung,
die Entschuldigungen
entsetzlich → 10
entsetzt → 10
die Entspannung –
entspannen → 5
enttäuscht
die Enttäuschung,
die Enttäuschungen
entweder ... oder
sich entwickeln,
du entwickelst dich → 1

 Denke an Zusammensetzungen mit dem Wortbaustein **ent**-.

ent  er

die **Ent|wick|lung**,
   die Entwicklungen → 1
der **Ent|wurf**, die Entwürfe
   ent|zü|ckend → 1
die **Ent|zün|dung** – entzünden ✱
   ent|zwei
   er
   er
das **Er|be**
   er|ben, du erbst
die **Erb|se**, die Erbsen
das **Erd|be|ben** – beben
die **Er|de**
   er|dros|seln → 8
sich **er|eig|nen**, es ereignet sich
das **Er|eig|nis**, die Ereignisse ✱
die **Er|fah|rung** – erfahren → 12 ✱
die **Er|fin|dung** – erfinden ✱
der **Er|folg**, die Erfolge → 23
   er|folg|reich
   er|for|der|lich
   er|freu|lich → 18
   er|freut → 18
die **Er|fri|schung** – erfrischen ✱
   er|gän|zen, du ergänzt → 19
das **Er|geb|nis**, die Ergebnisse ✱
   er|hol|sam
die **Er|ho|lung** – sich erholen ✱
sich **er|in|nern**,
   du erinnerst dich → 5
die **Er|in|ne|rung** – sich erinnern → 5

sich **er|käl|ten**,
   du erkältest dich → 19
die **Er|käl|tung** – sich erkälten → 19 ✱
   er **er|kann|te** – erkennen → 5
   er|ken|nen, du erkennst,
   er erkannte → 5
   er|klä|ren, du erklärst → 19
die **Er|klä|rung** – erklären → 19 ✱
sich **er|kun|di|gen**, du erkundigst dich
   er|lau|ben, du erlaubst
die **Er|laub|nis** – erlauben ✱
   er|le|ben, du erlebst
das **Er|leb|nis**, die Erlebnisse ✱
   er|le|di|gen, du erledigst
   er|le|digt
   er|leich|tert
   er|lö|sen, du erlöst
   er|mah|nen, du ermahnst → 12
   er|mä|ßigt, → 19, 16
die **Er|mä|ßi|gung** → 19, 16 ✱
sich **er|näh|ren**,
   du ernährst dich → 19
die **Er|näh|rung** – ernähren → 19 ✱
   ernst (mit ernster Stimme)
der **Ernst** (mit großem Ernst)
   ernst|haft
die **Ern|te** – ernten
   ern|ten, du erntest
   er|obern, du eroberst
   er|presst → 8
die **Er|pres|sung** – erpressen → 8

✱ Wörter mit den Nachsilben **-ung** und **-nis** sind Namenwörter (Nomen). ✱

er|ra|ten, du errätst, er erriet ✸
    er|rei|chen, du erreichst ✸
er **er|riet** – erraten → 11 ✸
der **Er|satz** – ersetzen → 10
    er|schöpft
die **Er|schöp|fung**
er **er|schrak** – erschrecken
    er|schre|cken, du erschrickst,
    er erschrak → 1
du **er|schrickst** – erschrecken → 1
    er|schro|cken – erschrecken → 1
    er|schüt|ternd → 9
    erst
    er|star|ren, du erstarrst → 7
    er|staunt
    ers|tens
    er|sti|cken, du erstickst → 1
    erst|klas|sig → 8
    er|tap|pen, du ertappst → 6
er **er|trank** – ertrinken
    er|trin|ken, du ertrinkst,
    er ertrank
    er|trun|ken – ertrinken
    er|wach|sen
der **Er|wach|se|ne,** die Erwachsenen
die **Er|wach|se|ne**
    er|wäh|nen, du erwähnst
sich **er|wär|men,**
    es erwärmt sich → 19
    er|war|ten, du erwartest
die **Er|war|tung,** die Erwartungen

    er|wi|dern, du erwiderst
    er|zäh|len, du erzählst
die **Er|zäh|lung** – erzählen
die **Er|zie|hung** – erziehen → 11
    es
    es
der **E|sel,** die Esel
der **Es|ki|mo,** die Eskimos
    ess|bar → 8
das **Es|sen,** die Essen → 8
    es|sen, du isst, er aß → 8
der **Es|sig** → 8
der **Ess|löf|fel** – essen → 8, 2
    et
die **E|ta|ge,** die Etagen
das **E|ti|kett,** die Etikette[n]
    [Etiketts] → 9
das **E|tui,** die Etuis
    et|wa
    et|was
    eu
    euch
    eu|er
die **Eu|le,** die Eulen → 18
der **Eu|ro,** die Euros (€) → 18
    Eu|ro|pa – europäisch → 18
der **Eu|ro|pä|er,** die Europäer → 18
die **Eu|ro|pä|e|rin** → 18
das **Eu|ter,** die Euter → 18
    ev
    e|van|ge|lisch

✸ **-rr-** entsteht durch Zusammensetzen mit dem Wortbaustein **er-**. ✸

das **E|van|ge|li|um,** die Evangelien
e|ven|tu|ell → 3
ew
e|wig
die **E|wig|keit**
ex
e|xakt
das **E|xa|men,** die Examen
das **E|xem|plar,** die Exemplare
die **Exis|tenz** – existieren
e|xo|tisch
die **Ex|pe|di|ti|on,** die Expeditionen
das **Ex|pe|ri|ment** – experimentieren
die **Ex|plo|si|on** – explodieren
ex|por|tie|ren,
es wird exportiert → 11
der **Ex|press** → 8
ex|tra
ex|trem

F

fa
die **Fa|bel,** die Fabeln
fa|bel|haft
die **Fa|brik,** die Fabriken
das **Fach,** die Fächer
die **Fa|ckel,** die Fackeln → 1

fad [fa|de]
der **Fa|den,** die Fäden
fä|hig
die **Fä|hig|keit,** die Fähigkeiten
die **Fahn|dung** – fahnden → 12
die **Fah|ne,** die Fahnen → 12
die **Fäh|re,** die Fähren → 19 ★
fah|ren, du fährst, er fuhr → 12 ★
der **Fah|rer,** die Fahrer → 12 ★
die **Fah|re|rin,** die Fahrerinnen ★
das **Fahr|rad,** die Fahrräder → 12 ★
du **fährst** – fahren → 19 ★
die **Fahrt,** die Fahrten → 12 ★
die **Fähr|te,** die Fährten → 19 ★
das **Fahr|zeug** – fahren → 12, 23 ★
fair
der **Fak|tor,** die Faktoren
der **Fall,** die Fälle → 3
die **Fal|le,** die Fallen → 3
fal|len, du fällst, er fiel → 3
fäl|lig → 19, 3
falls → 3
du **fällst** – fallen → 19, 3
falsch
fäl|schen, du fälschst → 19
die **Fal|te** – falten
der **Fal|ter,** die Falter
fal|tig
die **Fa|mi|lie,** die Familien
der **Fan,** die Fans
er **fand** – finden → 22

★ Denke an den gemeinsamen Wortstamm. ★

fa fe

fan|gen, du fängst, er fing
du fängst – fangen → 19
die Fan|ta|sie [Phantasie],
  die Fantasien → 11
fan|tas|tisch [phantastisch]
die Far|be, die Farben
  fär|ben, du färbst → 19
  far|big
die Farm, die Farmen
der Fa|sching
  fa|seln, du faselst
die Fa|ser, die Fasern
das Fass, die Fässer → 8
  fas|sen, du fasst → 8
die Fas|sung – fassen → 8
  fast (fast so groß)
  fas|ten, du fastest
das Fast|food
die Fast|nacht
  fau|chen, du fauchst
  faul
  fau|len, es fault
die Faul|heit – faul
der Faul|pelz – faulenzen
die Faust, die Fäuste
der Fa|vo|rit, die Favoriten
das Fax (ein Fax schicken)
die Fa|xen (Faxen machen)
fe
der Fe|bru|ar
die Fe|der, die Federn

die Fee, die Feen → 13 ★
fe|gen, du fegst
feh|len, du fehlst → 13 ★
der Feh|ler, die Fehler → 13 ★
feh|ler|frei → 13 ★
die Fei|er, die Feiern
fei|er|lich
fei|ern, du feierst
feig [fei|ge]
der Feig|ling, die Feiglinge
die Fei|le – feilen
fein
der Feind, die Feinde → 22
feind|lich
die Feind|schaft,
  die Feindschaften
das Feld, die Felder → 22
die Fel|ge, die Felgen
das Fell, die Felle → 3
der Fels [Fel|sen], die Felsen
fel|sig
das Fens|ter, die Fenster
die Fe|ri|en
das Fer|kel, die Ferkel
fern
die Fer|ne
das Fern|se|hen, beim Fernsehen
fern|se|hen, du siehst fern
der Fern|se|her, die Fernsehgeräte
die Fer|se (Teil des Fußes)
fer|tig

★ Diese Wörter enthalten ein Dehnungszeichen. ★

die **Fes|sel,** die Fesseln → 8
fes|seln, du fesselst → 8
fest (fest verschnüren)
das **Fest,** die Feste
fest|lich
fett, am fettesten → 9
das **Fett,** die Fette → 9
fet|tig → 9 ⭐
der **Fet|zen,** die Fetzen → 10
feucht → 18
die **Feuch|tig|keit** → 18
das **Feu|er,** die Feuer → 18
die **Feu|er|wehr** → 18, 13
das **Feu|er|werk** → 18
feu|rig → 18 ⭐

fi

die **Fi|bel,** die Fibeln
die **Fich|te,** die Fichten
das **Fie|ber** – fiebern → 11
fieb|rig → 11 ⭐
er **fiel** – fallen → 11
die **Fi|gur,** die Figuren
der **Film** – filmen
der [das] **Fil|ter,** die Filter
fil|tern, du filterst
der **Filz|schrei|ber**
der **Filz|stift,** die Filzstifte
das **Fi|nanz|amt,** die Finanzämter
fin|den, du findest, er fand
er **fing** – fangen
der **Fin|ger,** die Finger

der **Fink,** die Finken
Finn|land – finnisch → 5
fins|ter
die **Fins|ter|nis**
die **Fir|ma,** die Firmen
die **Fir|mung** – gefirmt werden
der **Fisch,** die Fische
fi|schen, du fischst
fit
fix

fl

flach
die **Flä|che** – flach → 19
fla|ckern, es flackert → 1
die **Flag|ge,** die Flaggen
die **Flam|me,** die Flammen → 4
die **Fla|sche,** die Flaschen
flat|tern, es flattert → 9
der **Flaum** (die Flaumfedern)
die **Flau|te,** die Flauten
flech|ten, du flichtst, er flocht
der **Fleck,** die Flecken → 1
fle|ckig → 1 ⭐
die **Fle|der|maus,** die Fledermäuse
der **Fle|gel,** die Flegel
fle|hen, du flehst
das **Fleisch**
flei|schig ⭐
der **Fleiß** → 16
flei|ßig → 16 ⭐
flen|nen, du flennst → 5

⭐ Wörter mit der Nachsilbe **-ig** sind Wiewörter (Adjektive). ⭐

fl **fo**

flet|schen, du fletschst
du **flichtst** – flechten
fli|cken, du flickst
(Reifen flicken) → 1
der **Flie|der** → 11
die **Flie|ge,** die Fliegen → 11
flie|gen, du fliegst, er flog → 11
flie|hen, du fliehst, er floh → 11
die **Flie|se,** die Fliesen → 11
das **Fließ|band,**
die Fließbänder → 11, 16
flie|ßen, es fließt, es floss → 11, 16
flim|mern, es flimmert → 4
flink
flit|zen, du flitzt → 10
er **flocht** – flechten
die **Flo|cke,** die Flocken → 1
er **flog** – fliegen
der **Floh,** die Flöhe
er **floh** – fliehen
das **Floß,** die Flöße → 16
es **floss** – fließen → 8
die **Flos|se,** die Flossen → 8
die **Flö|te** – flöten
flott, am flottesten → 9
der **Fluch,** die Flüche
flu|chen, du fluchst
die **Flucht** – fliehen ★
flüch|ten, du flüchtest ★
flüch|tig ★
der **Flücht|ling,** die Flüchtlinge ★

der **Flug,** die Flüge → 23
der **Flü|gel,** die Flügel
flüg|ge
das **Flug|zeug,** die Flugzeuge → 18, 23
flun|kern, du flunkerst
der **Flur,** die Flure
der **Fluss,** die Flüsse → 8
flüs|sig → 8
die **Flüs|sig|keit** → 8
flüs|tern, du flüsterst
die **Flut,** die Fluten

fo
das **Foh|len,** die Fohlen → 14
der **Föhn**
die **Föh|re,** die Föhren
die **Fol|ge,** die Folgen
fol|gen, du folgst
die **Fo|lie,** die Folien
fol|tern
for|dern, du forderst
die **For|de|rung** – fordern
die **Fo|rel|le,** die Forellen → 3
die **Form,** die Formen
for|men, du formst
das **For|mu|lar,** die Formulare
for|mu|lie|ren,
du formulierst → 11
for|schen, du forschst
der **For|scher,** die Forscher
die **For|sche|rin,** die Forscherinnen
die **For|schung**

F

★ Diese Wörter bilden eine Wortfamilie. ★

der **För|ster** – das Forstamt
fort
die **Fort|set|zung** – fortsetzen → 10
das **Fo|to,** die Fotos
der **Fo|to|ap|pa|rat,**
 die Fotoapparate
der **Fo|to|graf,** die Fotografen
die **Fo|to|gra|fie** [Photographie],
 die Fotografien → 11
 fo|to|gra|fie|ren,
 du fotografierst → 11
die **Fo|to|gra|fin,** die Fotografinnen
die **Fo|to|ko|pie,** die Fotokopien → 11
das **Foul,** die Fouls
 fr
der **Frach|ter,** die Frachter
die **Fra|ge,** die Fragen
 fra|gen, du fragst
das **Fra|ge|zei|chen**
 Fran|ken – fränkisch
 fran|kie|ren, du frankierst → 11
 Frank|reich – französisch
der **Fran|zo|se,** die Franzosen
die **Fran|zö|sin,** die Französinnen
das **Fran|zö|sisch**
der **Fraß** → 16
 er **fraß** – fressen → 16
die **Frat|ze,** die Fratzen → 10
die **Frau,** die Frauen
 frech
der **Frech|dachs**

die **Frech|heit,** die Frechheiten
frei
frei|hän|dig → 19
die **Frei|heit,** die Freiheiten
frei|lich
der **Frei|tag,** am Freitag
frei|tags
frei|wil|lig → 3
fremd → 22
der **Frem|de,** die Fremden
fres|sen, er frisst, er fraß → 8
die **Freu|de** – freudestrahlend → 18
sich **freu|en,** du freust dich → 18
der **Freund,** die Freunde → 18, 22
die **Freun|din,** die Freundinnen
freund|lich → 18
die **Freund|schaft,**
 die Freundschaften → 18
 freund|schaft|lich → 18
der **Frie|de[n]** → 11
der **Fried|hof,** die Friedhöfe → 11
fried|lich → 11
frie|ren, du frierst, er fror → 11
frisch
der **Fri|seur** [Frisör], die Friseure
die **Fri|seu|se,** die Friseusinnen
 [die Friseurin, die Friseurinnen]
 fri|sie|ren, du frisierst → 11
der **Fri|sör,** die Frisöre → Friseur
 er **frisst** – fressen → 8
die **Frist,** die Fristen

★ Denke an Zusammensetzungen mit dem Wortbaustein **fort-**. ★

fristlos
die **Frisur**, die Frisuren
froh
die **Fröhlichkeit** – fröhlich
fromm → 4
Fronleichnam
frontal
er **fror** – frieren
der **Frosch**, die Frösche
der **Frost** (Nachtfrost)
frösteln, du fröstelst
frostig
das **Frotteehandtuch**
die **Frucht**, die Früchte
fruchtbar
früh ⭐
früher ⭐
frühestens ⭐
das **Frühjahr** → 12 ⭐
der **Frühling** ⭐
das **Frühstück** – frühstücken → 1 ⭐
frühstücken, du frühstückst → 1
fu
der **Fuchs**, die Füchse
fuchsteufelswild → 18, 22
die **Fuge**, die Fugen
sich **fügen**, du fügst dich
fühlen, du fühlst
(sich gut fühlen)
der **Fühler**, die Fühler (beim Käfer)
er **fuhr** – fahren → 15

führen, du führst
der **Führerschein**
füllen, du füllst
(ein Glas füllen) → 3
der **Füller**, die Füller
(zum Schreiben) → 3
der **Fund** – finden → 22
fünf, fünfmal
fünfzehn → 13
fünfzig
der **Funk**
der **Funke[n]**, die Funken
funkeln, es funkelt
funkelnagelneu
funktionieren,
es funktioniert → 11
für
die **Furcht** – fürchten
furchtbar
sich **fürchten**, du fürchtest dich
fürchterlich
füreinander
das **Fürwort**
der **Fuß**, die Füße → 16
der **Fußgänger**, die Fußgänger → 16
die **Fußgängerin** → 16
futsch
das **Futter** → 9
futtern, du futterst → 9
füttern, du fütterst → 9
das **Futur**

F

⭐ Denke an den gemeinsamen Wortstamm. ⭐

G

ga

er **gab** – geben → 21
die **Ga|bel,** die Gabeln
der **Ga|bel|stap|ler**
ga|ckern, es gackert → 1
gaf|fen, du gaffst → 2
der **Gag,** die Gags
gäh|nen, du gähnst
der **Ga|lopp** – galoppieren → 6
es **galt** – gelten
der **Game|boy**
gam|meln, du gammelst → 4
die **Gäm|se,** die Gämsen → 19 ⭐
der **Gang,** die Gänge
der **Gangs|ter,** die Gangster
die **Gans,** die Gänse
ganz
gar, gar kein, gar nicht
die **Ga|ra|ge,** die Garagen
die **Ga|ran|tie** – garantieren → 11
die **Gar|de|ro|be,** die Garderoben
die **Gar|di|ne,** die Gardinen
gä|ren, es gärt, es ist gegoren
gar|nie|ren, du garnierst → 11
gars|tig
der **Gar|ten,** die Gärten
der **Gärt|ner,** die Gärtner → 19 ⭐

die **Gärt|ne|rei** → 19 ⭐
die **Gärt|ne|rin,** die Gärtnerinnen ⭐
das **Gas,** die Gase
die **Gas|se** – das Gässchen → 8
der **Gast,** die Gäste
die **Gast|stät|te,** die Gaststätten → 9
die **Gau|di**
der **Gaul,** die Gäule
der **Gau|men,** die Gaumen
der **Gau|ner,** die Gauner

geb

das **Ge|bäck** (Plätzchen) → 19, 1 ⭐
die **Ge|bär|den|spra|che**
das **Ge|bäu|de,** die Gebäude → 20
das **Ge|bell** – bellen → 3
ge|ben, du gibst, er gab
das **Ge|bet,** die Gebete
ge|be|ten – bitten
das **Ge|biet,** die Gebiete → 11
ge|bil|det
das **Ge|bir|ge,** die Gebirge
ge|bir|gig
das **Ge|biss,** die Gebisse → 8
ge|bis|sen – beißen → 8
ge|blie|ben – bleiben → 11
ge|bo|gen – biegen
ge|bo|ren
das **Ge|bot,** die Gebote
ge|bo|ten – bieten
ge|bracht – bringen
ge|brannt – brennen → 5

⭐ Denke an das verwandte Wort mit **a**. ⭐

geb  **geg**

gebrauchen, du gebrauchst
die Gebrauchsanweisung
gebraucht
gebrechlich
gebrochen – brechen
die Gebühr, die Gebühren
gebunden – binden
die Geburt, die Geburten
der Geburtstag, die Geburtstage
das Gebüsch

ged

gedacht – denken
das Gedächtnis → 19
der Gedanke, die Gedanken
gedeihen, es gedeiht,
es gedieh
das Gedicht – dichten
das Gedränge – drängen → 19
gedroschen – dreschen
die Geduld → 22
geduldig
gedurft – dürfen

gee

geehrt → 13
geeignet

gef

die Gefahr, die Gefahren → 12
gefährlich → 19
gefallen, du gefällst mir,
es gefiel mir → 3
gefällig → 19, 3

gefälligst → 19, 3
du gefällst mir – gefallen → 19, 3
der Gefangene, die Gefangenen
die Gefangene
das Gefängnis,
die Gefängnisse → 19
das Gefäß, die Gefäße → 16
das Gefieder → 11
es gefiel mir – gefallen → 11
geflochten – flechten
geflogen – fliegen
geflohen – fliehen
geflossen – fließen → 8
das Geflügel
gefräßig → 16
die Gefriertruhe – gefrieren → 11
gefroren – frieren
das Gefühl, die Gefühle
gefunden – finden

geg

gegangen – gehen
gegen
die Gegend, die Gegenden → 22
gegeneinander
gegenseitig
der Gegenstand,
die Gegenstände → 22
das Gegenteil
gegenüber
die Gegenwart
geglitten – gleiten → 9

G

 -ee- entsteht durch Zusammensetzen mit dem Wortbaustein **ge-**.

geglommen – glimmen → 4
der **Gegner,** die Gegner
die **Gegnerin,** die Gegnerinnen
gegolten – gelten
gegoren – gären
gegossen – gießen → 8
gegriffen – greifen → 2
geh
gehabt – haben
das **Gehalt,** die Gehälter
gehangen – hängen
gehässig → 19, 8 ⭐
das **Gehäuse** → 20
das **Gehege,** die Gehege
geheim
das **Geheimnis,** die Geheimnisse
gehen, du gehst, er ging
geheuer → 18
das **Gehirn**
die **Gehirnerschütterung** → 9
gehoben – heben
geholfen – helfen
das **Gehör** – hören
gehorchen, du gehorchst
gehören, es gehört mir
gehörlos
gehorsam
der **Gehsteig,** die Gehsteige
gei
die **Geige,** die Geigen
geil

die **Geisel,** die Geiseln
die **Geiselnahme** → 12
der **Geist,** die Geister
der **Geistliche,** die Geistlichen
der **Geizhals,** die Geizhälse
geizig
gek
gekannt – kennen → 5
geklungen – klingen
gekniffen – kneifen → 2
gekonnt – können → 5
gel
das **Gelächter** → 19 ⭐
gelähmt → 19 ⭐
das **Gelände** → 19 ⭐
das **Geländer,** die Geländer
es gelang – gelingen
gelassen → 8
gelaunt
gelb → 21
das **Geld,** die Gelder → 22
die **Geldbörse,** die Geldbörsen
das **Gelee,** die Gelees → 13
gelegen – liegen
die **Gelegenheit,**
die Gelegenheiten
gelegentlich
gelehrt – lehren → 13
das **Gelenk,** die Gelenke
gelenkig
geliehen – leihen → 11

⭐ Denke an verwandte Wörter mit **a**. ⭐

ge|lin|gen, es gelingt, es gelang
ge|lit|ten – leiden → 9
ge|lockt → 1
ge|lo|gen – lügen
gel|ten, es gilt, es galt
ge|lun|gen – gelingen
gem
ge|mäch|lich
das **Ge|mäl|de,** die Gemälde → 19
ge|mein
die **Ge|mein|de,** die Gemeinden
der **Ge|mein|de|rat,** die Gemeinderäte
die **Ge|mein|de|rä|tin** → 19
die **Ge|mein|heit** ⭐
ge|mein|sam
die **Ge|mein|schaft** ⭐
ge|mie|den – meiden → 11
ge|mocht – mögen
ge|mol|ken – melken
das **Ge|mur|mel** – murmeln
das **Ge|mü|se,** die Gemüse
ge|musst – müssen → 8
ge|müt|lich
gen
ge|nannt – nennen → 5
ge|nau
die **Ge|nau|ig|keit** ⭐
ge|neh|mi|gen,
du genehmigst → 13
die **Ge|neh|mi|gung,**
die Genehmigungen → 13 ⭐

die **Ge|ne|ra|ti|on,** die Generationen
der **Ge|ne|ra|tor,** die Generatoren
das **Ge|nick** → 1
sich **ge|nie|ren,**
du genierst dich → 11
ge|nie|ßen, du genießt,
er genoss → 11, 16
der **Ge|ni|tiv**
ge|nom|men – nehmen → 4
er **ge|noss** – genießen → 8
ge|nos|sen – genießen → 8
ge|nug
ge|nü|gend – es genügt
der **Ge|nuss,** die Genüsse → 8
geo
die **Ge|o|met|rie**
gep
das **Ge|päck** (der Koffer) → 19, 1
ge|passt – passen → 8
ge|pfif|fen – pfeifen → 2
ge|presst – pressen → 8
geq
ge|quol|len – quellen → 3
ger
ge|ra|de
ge|ra|de|aus
ge|rannt – rennen → 5
das **Ge|rät,** die Geräte
ge|ra|ten, du gerätst, er geriet
du **ge|rätst** – geraten → 19
ge|räu|mig → 20

G

⭐ **-ung, -heit, -keit, -schaft** sind Nachsilben für Namenwörter (Nomen). ⭐

das **Ge|räusch,**
die Geräusche → 20
ge|recht
die **Ge|rech|tig|keit** ⭐
das **Ge|richt,** die Gerichte
ge|rie|ben – reiben → 11
er **ge|riet** – geraten → 11
ge|ring
das **Ge|rip|pe,** die Gerippe → 6
ge|ris|sen – reißen → 8
ge|rit|ten – reiten → 9
gern [ger|ne]
ge|ro|chen – riechen
das **Ge|röll** → 3
ge|ron|nen – rinnen → 5
die **Gers|te**
der **Ge|ruch,** die Gerüche
das **Ge|rücht,** die Gerüchte
das **Ge|rüm|pel**
ge|run|gen – ringen
das **Ge|rüst,** die Gerüste
ges
ge|samt
ge|sandt – senden
der **Ge|sang** – singen
das **Ge|schäft,** die Geschäfte
ge|schäft|lich
es **ge|schah** – geschehen
ge|sche|hen, es geschieht
ge|scheit
das **Ge|schenk** – schenken

die **Ge|schich|te,** die Geschichten
die **Ge|schick|lich|keit** → 1 ⭐
ge|schickt → 1
ge|schie|den – scheiden → 11
es **ge|schieht** – geschehen → 11
ge|schie|nen – scheinen → 11
das **Ge|schirr,** die Geschirre → 7
das **Ge|schlecht,** die Geschlechter
ge|schli|chen – schleichen
ge|schlif|fen – schleifen → 2
ge|schlos|sen – schließen → 8
der **Ge|schmack** – schmecken → 1
ge|schmack|los → 1
ge|schmack|voll → 1, 3
ge|schmei|dig
ge|schmol|zen – schmelzen
das **Ge|schnat|ter** – schnattern → 9
ge|schnit|ten – schneiden → 9
ge|scho|ben – schieben
ge|scho|ren – scheren
das **Ge|schoss,** die Geschosse → 8
ge|schos|sen – schießen → 8
das **Ge|schrei**
ge|schrie|ben – schreiben → 11
ge|schrien – schreien
ge|schrit|ten – schreiten → 9
das **Ge|schwätz** – schwatzen → 19, 10
ge|schwie|gen – schweigen → 11
ge|schwind → 22
die **Ge|schwin|dig|keit** ⭐
die **Ge|schwis|ter**

⭐ **-keit** ist eine Nachsilbe für Namenwörter (Nomen). ⭐

ges  **gew**

ge|schwol|len – schwellen → 3
ge|schwom|men – schwimmen → 4
ge|schwo|ren – schwören
ge|schwun|gen – schwingen
das **Ge|schwür,** die Geschwüre
ge|se|hen – sehen
der **Ge|sel|le,** die Gesellen → 3
die **Ge|sel|lin** → 3
die **Ge|sell|schaft,** die Gesellschaften → 3 ★
ge|sen|det – senden
das **Ge|setz,** die Gesetze → 10
ge|setz|lich → 10
das **Ge|sicht,** die Gesichter
ge|sof|fen – saufen → 2
das **Ge|spenst,** die Gespenster
ge|spens|tisch
ge|spien – speien
ge|spon|nen – spinnen → 5
das **Ge|spräch,** die Gespräche → 19
ge|sprä|chig → 19
ge|spro|chen – sprechen
ge|spros|sen – sprießen → 8
ge|sprun|gen – springen
die **Ge|stalt,** die Gestalten
ge|stal|ten, du gestaltest
ge|stan|den – gestehen
das **Ge|ständ|nis** – gestehen → 19 ★
der **Ge|stank** – stinken
ge|stat|tet – gestatten → 9

ge|ste|hen, du gestehst, er gestand
das **Ge|stell,** die Gestelle → 3
ges|tern, gestern Mittag
ge|stie|gen – steigen → 11
das **Ge|stö|ber**
ge|sto|chen – stechen
ge|stoh|len – stehlen → 14
ge|stor|ben – sterben
ge|stri|chen – streichen
das **Ge|strüpp** → 6
ge|stun|ken – stinken
ge|sund, gesünder, am gesündesten → 22
ge|sün|der, am gesündesten – gesund
die **Ge|sund|heit** ★
ge|sun|gen – singen
ge|sun|ken – sinken
get
ge|tan – tun
das **Ge|tö|se** – tosen
das **Ge|tränk** – trinken → 19
das **Ge|trei|de**
ge|trie|ben – treiben → 11
ge|trof|fen – treffen → 2
ge|trun|ken – trinken
gew
das **Ge|wächs** – wachsen → 19
die **Ge|walt,** die Gewalten
ge|wal|tig

★ **-schaft, -nis, -heit** sind Nachsilben für Namenwörter (Nomen). ★

das **Ge|wand,**
　die Gewänder → 22
　ge|wandt (gewandt klettern) ✸
er **ge|wann** – gewinnen → 5
das **Ge|wäs|ser,** die Gewässer → 8
das **Ge|wehr,** die Gewehre → 13
das **Ge|weih,** die Geweihe
　ge|we|sen – sein
das **Ge|wicht,** die Gewichte
das **Ge|wim|mel** → 4
der **Ge|winn,** die Gewinne → 5
　ge|win|nen, du gewinnst,
　er gewann → 5
　ge|wiss → 8
das **Ge|wis|sen** → 8
　ge|wis|sen|haft → 8
das **Ge|wit|ter,** die Gewitter → 9
　ge|wo|gen – wiegen
　ge|wöh|nen, du gewöhnst
die **Ge|wohn|heit,**
　die Gewohnheiten → 14
　ge|wöhn|lich
　ge|wohnt → 14
das **Ge|wöl|be,** die Gewölbe
　ge|wölbt
　ge|wollt – wollen → 3
　ge|won|nen – gewinnen → 5
　ge|wor|ben – werben
　ge|wor|den – werden
　ge|wor|fen – werfen
　ge|wun|den – sich winden

das **Ge|würz,** die Gewürze
　ge|wusst – wissen → 8
gez
　ge|zackt → 1
die **Ge|zei|ten**
　ge|zo|gen – ziehen
　ge|zwun|gen – zwingen
gi
du **gibst** – geben
der **Gie|bel,** die Giebel → 11
　gie|rig → 11
　gie|ßen, du gießt,
　es goss → 11, 16
das **Gift,** die Gifte
　gif|tig
es **gilt** – gelten
er **ging** – gehen
der **Gip|fel,** die Gipfel
der **Gips**
　gip|sen, du gipst
die **Gi|raf|fe,** die Giraffen → 2
die **Gir|lan|de,** die Girlanden
die **Gi|tar|re,** die Gitarren → 7
das **Git|ter,** die Gitter → 9
gl
der **Glanz** – glänzen
　glän|zen, es glänzt → 19
das **Glas,** die Gläser
die **Gla|sur,** die Glasuren
　glatt → 9
die **Glät|te** – glatt → 19, 9

✸ Es gibt nur wenige Wörter mit **-dt**, z.B.: Stadt, verwandt. ✸

gl  **gr**

die **Glat|ze,** die Glatzen → 10
der **Glau|be** – glauben
    glau|ben, du glaubst
    gläu|big → 20
    gleich
das **Gleich|ge|wicht**
    gleich|mä|ßig → 19, 16
    gleich|zei|tig
das **Gleis,** die G[e]leise
    glei|ten, du gleitest, er glitt
    (über das Eis gleiten)
der **Glet|scher,** die Gletscher
das **Glied,** die Glieder → 11, 22 ✦
    glie|dern, du gliederst → 11
    glim|men, es glimmt,
    es glomm → 4
    glimpf|lich
    glit|schig
 er **glitt** – gleiten → 9
    glit|zern, es glitzert → 10
der **Glo|bus,** die Globusse [Globen]
die **Glo|cke,** die Glocken → 1
 es **glomm** – glimmen → 4
    glot|zen, du glotzt → 10
das **Glück** → 1
    glu|ckern, es gluckert → 1
    glück|lich → 1
der **Glück|wunsch,**
    die Glückwünsche → 1
    glü|hen, es glüht
die **Glut,** die Gluten

gn
die **Gna|de**
    gnä|dig → 19
go
der **Go|ckel,** die Gockel → 1
das **Gold** – golden → 22 ✦
die **Gon|del,** die Gondeln
der **Gong,** die Gongs
    gön|nen, du gönnst → 5
der **Go|ril|la,** die Gorillas → 3
 es **goss** – gießen → 8
der **Gott,** die Götter → 9
gr
das **Grab,** die Gräber → 21 ✦
der **Gra|ben,** die Gräben
    gra|ben, du gräbst, er grub
 du **gräbst** – graben → 19
der **Grad,** die Grade
    (unter null Grad) → 22 ✦
das **Gramm** → 4
die **Gram|ma|tik** → 4
die **Gran|ne,** die Grannen → 5
    gran|tig
die **Grape|fruit,** die Grapefruits
das **Gras,** die Gräser
    gräss|lich → 8
der **Grat** (Berggrat)
die **Grä|te,** die Gräten
    gra|tis
    gra|tu|lie|ren,
    du gratulierst → 11

G

✦ Beim Verlängern hörst du **-d** oder **-b** deutlich. ✦

grau
grauen, es graut mir
grauenhaft
gräulich → 20
grausam
sich grausen, es graust mir [mich]
grausig
greifen, du greifst, er griff
der Greis (sehr alter Mann)
die Greisin (sehr alte Frau)
grell → 3
die Grenze, die Grenzen
Griechenland, griechisch → 11
der Grießbrei → 11, 16
der Griff, die Griffe → 2
er griff – greifen → 2
der Grill – grillen → 3
die Grille, die Grillen → 3
grillen, du grillst → 3
die Grimasse, die Grimassen → 8
grimmig → 4
grinsen, du grinst
die Grippe (Darmgrippe) → 6
grob, gröber,
am gröbsten → 21
gröber, am gröbsten – grob
grölen, du grölst
grollen, du grollst mir → 3
der Groschen, die Groschen
groß, größer, am größten → 16
Großbritannien – britisch

die Größe – groß → 16
die Großeltern → 16
größer, am größten –
groß → 16
er grub – graben → 21
die Grube, die Gruben
grübeln, du grübelst
grün
der Grund, die Gründe → 22 ★
gründen, du gründest ★
gründlich ★
der Grundriss, die Grundrisse → 8 ★
grundsätzlich → 19, 10 ★
die Grundschule ★
grunzen, du grunzt
die Gruppe, die Gruppen → 6
gruselig
sich gruseln, es gruselt mich
der Gruß, die Grüße → 16
grüßen, du grüßt → 16

gu

gucken, du guckst → 1
das [der] Gulasch
die Gülle → 3
gültig
der [das] Gummi, die Gummis → 4
der Gummitwist → 4
günstig
gurgeln, du gurgelst
die Gurke, die Gurken
gurren (die Taube gurrt) → 7

★ Denke an den gemeinsamen Wortstamm. ★

der **Gurt,** die Gurte
der **Gür|tel,** die Gürtel
der **Guss,** die Güsse
    (Regenguss) → 8
    gut, besser, am besten
das **Gut,** die Güter
das **Gu|te,** alles Gute
der **Gü|ter|bahn|hof** → 12
    gut|mü|tig

gy

das **Gym|na|si|um,** die Gymnasien
die **Gym|nas|tik**

H

ha

das **Haar,** die Haare → 12
    haa|rig → 12
    ha|ben, du hast, er hatte
    hab|gie|rig → 11
der **Ha|bicht,** die Habichte
die **Hach|se** → Haxe
die **Ha|cke,** die Hacken → 1
    ha|cken, du hackst → 1
der **Ha|fen,** die Häfen
der **Ha|fer**
die **Haft**
    haf|ten, es haftet

der **Häft|ling,** die Häftlinge → 19
die **Ha|ge|but|te,**
    die Hagebutten → 9
der **Ha|gel** – hageln
    ha|geln, es hagelt
der **Hahn,** die Hähne → 12
der **Hai,** die Haie → 17
    hä|keln, du häkelst → 19
der **Ha|ken,** die Haken
    halb → 21
    hal|bie|ren, du halbierst → 11
 er **half** – helfen
die **Hälf|te,** die Hälften
die **Hal|le,** die Hallen → 3
    hal|lo → 3
der **Halm,** die Halme
die **Ha|lo|gen|lam|pe**
der **Hals,** die Hälse ★
    Halt machen
    halt|bar
    hal|ten, du hältst, er hielt
 du **hältst** – halten → 19
die **Hal|tung**
    Ham|burg – hamburgisch
der **Ham|bur|ger,** die Hamburger
    hä|misch
der **Ham|mel,** die Hammel → 4
der **Ham|mer,** die Hämmer → 4
    häm|mern, du hämmerst → 19, 4
der **Ham|pel|mann**
    ham|peln, du hampelst

G
H

 Nur wenige Wörter enden mit **-ls**, z.B.: als, damals, jemals, niemals. ★

der **Ham|ster,** die Hamster
ham|stern, du hamsterst
die **Hand,** die Hände → 22
der **Han|del** – handeln
han|deln, du handelst
der **Händ|ler,** die Händler → 19 ⭐
die **Händ|le|rin** → 19 ⭐
die **Hand|lung,** die Handlungen
der **Hand|wer|ker,**
die Handwerker
das **Han|dy,** die Handys
der **Hang,** die Hänge
hän|gen, du hängst,
er hing [hängte] ⭐
du **hängst** – hängen ⭐
hän|seln, du hänselst
han|tie|ren, du hantierst → 11
der **Hap|pen,** die Happen → 6
hap|py (happy sein)
das **Här|chen,** die Härchen ⭐
die **Hard|ware**
die **Har|ke** – harken
harm|los
die **Har|pu|ne,** die Harpunen
hart, härter, am härtesten
die **Här|te** – hart → 19 ⭐
här|ter, am härtesten –
hart → 19 ⭐
hart|nä|ckig → 19, 1 ⭐
das **Harz,** die Harze
har|zig

ha|schen, du haschst
der **Ha|se,** die Hasen
die **Ha|sel|nuss,**
die Haselnüsse → 8
der **Hass** – hassen → 8
has|sen, du hasst → 8
häss|lich → 8 ⭐
du **hast** – haben
has|ten, du hastest
has|tig – die Hast
er **hat** – haben
er **hat|te** – haben → 9
der **Hauch** – hauchen
hau|chen, du hauchst
hau|en, du haust
der **Hau|fen,** die Haufen
häu|fig → 20 ⭐
das **Haupt,** die Häupter
der **Häupt|ling,**
die Häuptlinge → 20 ⭐
die **Haupt|sa|che,**
die Hauptsachen
die **Haupt|schu|le**
das **Haus,** die Häuser
der **Haus|ar|rest**
nach **Hau|se,** zu Hause sein
hau|sen, du haust
der **Haus|halt,** die Haushalte
hau|sie|ren → 11
die **Haut,** die Häute
die **Haxe** [Hachse], die Haxen

⭐ Denke an verwandte Wörter mit **a** oder **au**. ⭐

he
- der **He|bel,** die Hebel
- **he|ben,** du hebst, er hob
- der **Hecht,** die Hechte
- **hech|ten,** du hechtest
- das **Heck,** die Hecks → 1
- die **He|cke,** die Hecken → 1
- das **Heer,** die Heere → 13
- die **He|fe**
- das **Heft,** die Hefte
- **hef|tig**
- das **Heft|pflas|ter**

hei
- die **Hei|de** (das Heidekraut)
- der **Hei|de,** die Heiden (Nichtchrist)
- die **Hei|del|bee|re** → 13
- **hei|kel**
- **heil**
- **hei|len,** es heilt
- **hei|lig**
- **heil|los**
- **heil|sam**
- **heim** (heimgehen)
- das **Heim,** die Heime
- die **Hei|mat**
- **heim|lich**
- **heim|wärts**
- das **Heim|weh**
- die **Hei|rat,** die Heiraten
- **hei|ra|ten,** du heiratest
- **hei|ser**

- die **Hei|ser|keit**
- **heiß** – am heißesten → 16
- **hei|ßen,** du heißt, er hieß → 16
- **hei|ter**
- **hei|zen,** du heizt
- die **Hei|zung,** die Heizungen

hel
- der **Held,** die Helden → 22
- die **Hel|din,** die Heldinnen
- **hel|fen,** du hilfst, er half
- **hell** → 3
- die **Hel|lig|keit** → 3
- der **Helm,** die Helme

hem
- das **Hemd,** die Hemden → 22
- die **Hem|mung** – hemmen → 4

hen
- der **Hengst,** die Hengste
- der **Hen|kel,** die Henkel
- die **Hen|ne,** die Hennen → 5

her
- **her**
- **he|rab** ⭐
- **he|rauf** ⭐
- **he|raus** ⭐
- **herb** → 21
- **her|bei**
- die **Her|ber|ge,** die Herbergen
- der **Herbst**
- **herbst|lich**
- der **Herd,** die Herde (Elektroherd)

⭐ Du kannst auch nach dem **r** trennen, z.B.: **her-ab**. ⭐

her **hi**

die **Her|de,** die Herden (Schafherde)
he|rein ★
der **He|ring,** die Heringe
der **Herr,** die Herren → 7
die **Her|rin,** die Herrinnen → 7
herr|lich → 7
herr|schen, du herrschst → 7
die **Her|stel|lung** – herstellen → 3
he|rü|ber ★
he|rum ★
he|run|ter ★
her|vor
her|vor|ra|gend
das **Herz,** die Herzen
herz|lich
hes
Hes|sen – hessisch → 8
het
die **Het|ze** → 10
het|zen, du hetzt → 10
heu
das **Heu** → 18
heu|cheln, du heuchelst → 18
heu|er → 18
heu|len, du heulst → 18
die **Heu|schre|cke,** die Heuschrecken → 18, 1
heu|te, heute Abend → 18
hex
die **He|xe,** die Hexen

he|xen, du hext
hi
der **Hieb,** die Hiebe → 11, 21
er **hielt** – halten → 11
hier → 11
hier|her → 11
er **hieß** – heißen → 11, 16
die **Hil|fe,** die Hilfen
hilf|los
hilfs|be|reit
du **hilfst** – helfen
die **Him|bee|re,** die Himbeeren → 13
der **Him|mel** – himmlisch → 4
hin
hi|nab ★
hi|nauf ★
hi|naus ★
das **Hin|der|nis,** die Hindernisse
hi|nein ★
er **hing** – hängen
hin|ken, du hinkst
hin|ten
hin|ter
hin|ter|ein|an|der ★
der **Hin|ter|grund,** die Hintergründe → 22
der **Hin|ter|halt,** die Hinterhalte
hin|ter|häl|tig → 19
hin|ter|her
hin|ter|lis|tig

★ Du kannst diese Wörter auch anders trennen, z.B.: **her-ein, hin-ab.** ★

hi ho

der **Hin|tern,** die Hintern
  hin|ter|rücks → 1
  hi|nü|ber
der **Hin|weis** – hinweisen
das **Hirn,** die Hirne
der **Hirsch,** die Hirsche
der **Hirt [Hir|te],** die Hirten
der **Hit,** die Hits
die **Hit|pa|ra|de**
die **Hit|ze** → 10
  hit|ze|frei → 10
  ho
  er **hob** – heben → 21
das **Hob|by,** die Hobbys
der **Ho|bel,** die Hobel
  ho|beln, du hobelst
  hoch, höher, am höchsten
  höchs|tens
die **Hoch|zeit,** die Hochzeiten
die **Ho|cke,** die Hocken → 1
  ho|cken, du hockst → 1
der **Ho|cker,** die Hocker → 1
der **Ho|den,** die Hoden
der **Hof,** die Höfe
  hof|fen, du hoffst → 2
  hof|fent|lich → 2
die **Hoff|nung,** die Hoffnungen → 2
  höf|lich
die **Höf|lich|keit**
die **Hö|he** – hoch
  hö|her, am höchsten – hoch

  hohl → 14
die **Höh|le** (Tropfsteinhöhle)
der **Hohn** → 14
  höh|nisch
der **Ho|kus|po|kus**
  ho|len, du holst
  Hol|land – holländisch → 3
die **Höl|le** (Himmel und Hölle) → 3
  höl|lisch → 3
  hol|pe|rig [holp|rig]
das **Holz,** die Hölzer – hölzern
die **Home|page,** die Homepages
der **Ho|nig**
der **Hop|fen**
  hopp → 6
  hop|peln, du hoppelst → 6
  hopp|la → 6
  hop|sen, du hopst
  hör|bar
  hor|chen, du horchst
  hö|ren, du hörst
der **Hö|rer** – hören
die **Hö|re|rin,** die Hörerinnen
der **Ho|ri|zont**
das **Horn,** die Hörner
das **Hörn|chen,** die Hörnchen
die **Hor|nis|se,** die Hornissen → 8
der **Hort,** die Horte
die **Ho|se,** die Hosen
das **Hos|pi|tal,** die Hospitäler
die **Hos|tie,** die Hostien

H

 Es gibt nur wenige Wörter mit **-bb-**, z.B.: Ebbe, Robbe.

ho — im

das **Ho|tel,** die Hotels
hu
   hübsch
der **Hub|schrau|ber,** die Hubschrauber
   hu|cke|pack → 1
der **Huf,** die Hufe
die **Hüf|te,** die Hüften
der **Hü|gel,** die Hügel
   hü|ge|lig [hüg|lig]
das **Huhn,** die Hühner → 15
die **Hül|le,** die Hüllen → 3
die **Hül|se,** die Hülsen
die **Hum|mel,** die Hummeln → 4
der **Hu|mor**
   hum|peln, du humpelst
der **Hu|mus** (die Humuserde)
der **Hund,** die Hunde → 22
   hun|dert, einhundert
der **Hun|ger** ★
   hun|gern, du hungerst ★
   hung|rig ★
die **Hu|pe,** die Hupen
   hu|pen, du hupst
   hüp|fen, du hüpfst
die **Hür|de,** die Hürden
   hur|ra → 7
   hu|schen, du huschst
der **Hus|ten**
   hus|ten, du hustest
der **Hut,** die Hüte (Sonnenhut)

   hü|ten, du hütest
die **Hüt|te** (Hundehütte) → 9
hy
der **Hyd|rant,** die Hydranten
die **Hy|gi|e|ne**
   hy|gi|e|nisch

I

i
der **IC,** die ICs (**I**nter**c**ity)
der **ICE,** die ICEs (**I**nter**c**ity**e**xpress)
   ich
   ide|al
die **I|dee,** die Ideen → 13
der **Idi|ot,** die Idioten
der **I|gel,** die Igel
das **Ig|lu,** die Iglus
   ihm (ihm zuhören)
   ihn (ihn loben)
   ihr, ihre
die **Il|lust|rier|te,** die Illustrierten → 3, 11
im
   im (im Haus)
der **Im|biss,** die Imbisse → 8
der **Im|ker,** die Imker
die **Im|ke|rin**

★ Denke an den gemeinsamen Wortstamm. ★

im **ir**

    im|mer (immer wieder) → 4
das **Im|per|fekt**
    imp|fen, du wirst geimpft
die **Imp|fung,** die Impfungen
    im|po|nie|ren,
    du imponierst mir → 11
    in
    in (in der Schule)
    in|dem
    in|des|sen → 8
der **In|dia|ner,** die Indianer
die **In|dia|ne|rin,** die Indianerinnen
die **In|dust|rie,** die Industrien
    in|ei|nan|der
die **In|fek|ti|on,** die Infektionen
der **In|fi|ni|tiv,** die Infinitive
die **In|for|ma|ti|on** – informieren
der **In|ge|ni|eur,** die Ingenieure
die **In|ge|ni|eu|rin**
der **In|ha|ber,** die Inhaber
die **In|ha|be|rin,** die Inhaberinnen
der **In|halt,** die Inhalte
die **In|li|ner** (Inlineskates)
    in|nen (innen und außen) → 5
    in|ner|halb → 5
    in|ner|lich → 5
    in|nig → 5
    ins
das **In|sekt,** die Insekten
die **In|sel,** die Inseln
das **In|se|rat,** die Inserate

    ins|ge|samt
der **In|spek|tor,** die Inspektoren
die **In|spek|to|rin**
der **In|stal|la|teur,**
    die Installateure → 3
    in|stal|lie|ren,
    du installierst → 3, 11
der **In|stinkt,** die Instinkte
das **In|stru|ment,** die Instrumente
    in|tel|li|gent → 3
die **In|tel|li|genz** → 3
    in|ten|siv
    in|te|res|sant → 8 ✱
das **In|te|res|se,** die Interessen → 8 ✱
sich **in|te|res|sie|ren,**
    du interessierst dich → 8, 11 ✱
das **In|ter|nat,** die Internate
    in|ter|na|ti|o|nal
das **In|ter|net**
das **In|ter|view** – interviewen
    in|zwi|schen
    ir
    ir|gend|et|was
    ir|gend|je|mand, irgendwer
    ir|gend|wie
    ir|gend|wo
    Ir|land – irisch
    i|ro|nisch – die Ironie
    ir|ren, du irrst → 7
der **Irr|tum,** die Irrtümer → 7
    irr|tüm|lich → 7

I

✱ Du kannst auch nach **inter-** trennen. ✱

is
der **Is|lam** – islamisch
das **I|so|lier|band** – isolieren → 11, 22
du **isst** – essen → 8
es **ist,** es war – sein
it
I|ta|li|en – italienisch

J

ja
ja
die **Jacht** [Yacht], die Jachten ⭐
die **Ja|cke,** die Jacken → 1
die **Jagd,** die Jagden → 22
ja|gen, du jagst
der **Jä|ger** – jagen → 19
das **Jahr,** die Jahre → 12
das **Jahr|hun|dert** → 12
jähr|lich → 19
jäh|zor|nig
die **Ja|lou|sie,** die Jalousien ⭐
der **Jam|mer** → 4
jäm|mer|lich → 19, 4
jam|mern, du jammerst → 4
der **Ja|nu|ar**
Ja|pan – japanisch
jap|sen, du japst

jä|ten, du jätest
die **Jau|che**
jauch|zen, du jauchzt
jau|len, du jaulst
ja|wohl → 14
der **Jazz** (die Jazzmusik) ⭐
je
je
die **Jeans** ⭐
je|de, jeder, jedes
je|den|falls → 3
je|doch
der **Jeep,** die Jeeps ⭐
je|mals
je|mand → 22
je|ne, jener, jenes
jen|seits
Je|sus
jetzt → 10
je|weils
jo
der **Job,** die Jobs ⭐
job|ben, du jobbst ⭐
das **Jod**
der **Jod|ler** – jodeln
die **Jod|le|rin**
der [das] **Jo|ga** [Yoga] ⭐
jog|gen, du joggst ⭐
der [das] **Jo|ghurt** [Jogurt] ⭐
die Joghurts
die **Jo|han|nis|bee|re** → 5, 13

⭐ Dies sind Wörter aus anderen Sprachen. ⭐

joh|len, du johlst → 14
der **Jo|ker,** die Joker
jong|lie|ren, du jonglierst → 11
ju
der **Ju|bel**
ju|beln, du jubelst
das **Ju|bi|lä|um,** die Jubiläen
juch|zen, du juchzt
ju|cken, es juckt → 1
der **Ju|de,** die Juden
die **Jü|din,** die Jüdinnen
jü|disch
das **Ju|do**
die **Ju|gend**
die **Ju|gend|her|ber|ge**
ju|gend|lich ✶
der **Ju|li**
jung, jünger, am jüngsten
das **Jun|ge** (Tierkind)
der **Jun|ge,** die Jungen
jün|ger, am jüngsten – jung
der **Jung|ge|sel|le** → 3
die **Jung|ge|sel|lin** → 3
der **Ju|ni**
der **Ju|ni|or,** die Junioren
die **Ju|ni|o|rin,** die Juniorinnen
die **Ju|ry**
das **Ju|wel,** die Juwelen
der **Ju|we|lier** → 11
der **Jux**

K

ka
sich **kab|beln,** du kabbelst dich (zanken)
das **Ka|bel,** die Kabel
die **Ka|bi|ne,** die Kabinen
das **Kab|rio** [Cabrio]
die **Ka|chel,** die Kacheln
der **Kä|fer,** die Käfer
der **Kaf|fee** → 2, 13
der **Kä|fig,** die Käfige → 23
kahl → 12
der **Kahn,** die Kähne → 12
der **Kai** [Quai] (die Kaimauer) → 17
der **Kai|ser,** die Kaiser → 17
die **Kai|se|rin,** die Kaiserinnen → 17
der **Kai|ser|schmar|ren** → 17, 7
der **Ka|jak,** die Kajaks
der **Ka|kao** (die Kakaobohnen)
der **Kak|tus** [die Kaktee], die Kakteen
das **Kalb,** die Kälber → 21
der **Ka|len|der,** die Kalender
der **Kalk**
die **Ka|lo|rie,** die Kalorien
kalt, kälter, am kältesten
die **Käl|te** – kalt → 19
käl|ter, am kältesten – kalt → 19

✶ **-lich** ist eine Nachsilbe für Wiewörter (Adjektive). ✶

kam

er **kam** – kommen
das **Ka|mel,** die Kamele
die **Ka|me|ra,** die Kameras
die **Ka|me|rad|schaft**
der **Ka|mil|len|tee** → 3, 13
der **Ka|min,** die Kamine
der **Kamm,** die Kämme → 4
sich **käm|men,**
  du kämmst dich → 19, 4 ✸
die **Kam|mer,** die Kammern → 4
der **Kampf,** die Kämpfe
  kämp|fen, du kämpfst → 19 ✸

kan

der **Ka|nal,** die Kanäle
die **Ka|na|li|sa|ti|on** – kanalisieren
der **Ka|na|ri|en|vo|gel,**
  die Kanarienvögel
der **Kan|di|dat,** die Kandidaten
die **Kan|di|da|tin**
das **Kän|gu|ru,** die Kängurus
das **Ka|nin|chen,** die Kaninchen
der **Ka|nis|ter,** die Kanister
ich **kann** – können → 5
die **Kan|ne,** die Kannen → 5
du **kannst** – können → 5
er **kann|te** – kennen → 5
der **Ka|non,** die Kanons
die **Ka|no|ne,** die Kanonen
die **Kan|te** (Tischkante)
  kan|tig

die **Kan|ti|ne,** die Kantinen
das **Ka|nu,** die Kanus
die **Kan|zel,** die Kanzeln
der **Kanz|ler**
die **Kanz|le|rin**

kap

die **Ka|pel|le,** die Kapellen → 3
  ka|pie|ren, du kapierst → 11
der **Ka|pi|tän,** die Kapitäne
das **Ka|pi|tel,** die Kapitel
der **Ka|plan,** die Kapläne
die **Kap|pe,** die Kappen → 6
die **Kap|sel,** die Kapseln
  ka|putt → 9
die **Ka|pu|ze,** die Kapuzen

kar

das **Ka|ra|te**
die **Ka|ra|wa|ne,** die Karawanen
der **Kar|di|nal,** die Kardinäle
der **Kar|frei|tag**
  ka|riert → 11
die **Ka|ries**
der **Kar|ne|val**
das **Kar|ni|ckel,** die Karnickel → 1
das **Ka|ro,** die Karos
die **Ka|ros|se|rie,**
  die Karosserien
die **Ka|rot|te,** die Karotten → 9
der **Karp|fen,** die Karpfen
die **Kar|re,** die Karren → 7
die **Kar|te,** die Karten

✸ Denke an das verwandte Wort mit **a**. ✸

die **Kar|tei,** die Karteien
die **Kar|tof|fel,** die Kartoffeln → 2
der **Kar|ton,** die Kartons
das **Ka|rus|sell,** die Karussells → 8, 3
kas
der **Kä|se**
die **Ka|ser|ne,** die Kasernen
der **Kas|per** [der Kasperl]
die **Kas|se** (Klassenkasse) → 8
die **Kas|set|te,** die Kassetten
 (der Kassettenrekorder) → 9
kas|sie|ren, du kassierst → 8, 11
die **Kas|ta|nie,** die Kastanien
der **Kas|ten,** die Kästen
kat
der **Ka|ta|log,** die Kataloge
die **Ka|ta|stro|phe** – katastrophal
der **Ka|ter,** die Kater
ka|tho|lisch – der Katholik
die **Kat|ze,** die Katzen → 10
kau
das **Kau|der|welsch**
kau|en, du kaust
kau|ern, du kauerst
der **Kauf,** die Käufe
kau|fen, du kaufst
der **Käu|fer,** die Käufer → 20
die **Käu|fe|rin,**
 die Käuferinnen → 20
der **Kau|gum|mi,**
 die Kaugummis → 4

die **Kaul|quap|pe,**
 die Kaulquappen → 6
kaum
der **Kauz,** die Käuze
ke
der **Ke|gel,** die Kegel
ke|geln, du kegelst
die **Keh|le** (der Kehlkopf) → 13
keh|ren, du kehrst → 13
kei|fen, du keifst
der **Keil,** die Keile
die **Kei|le|rei** – sich keilen
der **Keim,** die Keime
kei|men, es keimt
der **Keim|ling,** die Keimlinge
kein
kei|ne, keiner, keines
kei|nes|falls → 3
kei|nes|wegs
der [das] **Keks,** die Kekse ✶
der **Kelch,** die Kelche
die **Kel|le** (Schöpfkelle) → 3
der **Kel|ler,** die Keller → 3
der **Kell|ner,** die Kellner → 3
die **Kell|ne|rin,** die Kellnerinnen → 3
ken|nen, du kennst,
 er kannte → 5
das **Kenn|zei|chen** → 5
kenn|zeich|nen,
 du kennzeichnest → 5
ken|tern, du kenterst

✶ Meist wird der Laut **ks** anders geschrieben: **chs** oder **x**. ✶

die **Ke|ra|mik**
die **Ker|be** – einkerben
der **Kerl,** die Kerle
der **Kern,** die Kerne
die **Ker|ze,** die Kerzen
    ker|zen|ge|ra|de
der **Kes|sel,** die Kessel → 8
der [das] **Ket|schup** [Ketchup]
die **Ket|te,** die Ketten → 9
    keu|chen, du keuchst → 18
der **Keuch|hus|ten** → 18
die **Keu|le,** die Keulen → 18
das **Key|board**
    ki
    ki|chern, du kicherst
der **Kid|nap|per** – kidnappen
der **Kie|fer,** die Kiefer
    (Oberkiefer) → 11
die **Kie|fer,** die Kiefern
    (der Nadelbaum) → 11
der **Kiel,** die Kiele → 11
die **Kie|me,** die Kiemen → 11
der **Kies** → 11
der **Kie|sel,** die Kiesel → 11
das **Ki|lo|gramm** → 4
der **Ki|lo|me|ter,** die Kilometer
der **Ki|lo|me|ter|zäh|ler** → 19
das **Kind,** die Kinder → 22 ⭐
    kin|disch ⭐
    kind|lich ⭐
das **Kinn** (der Kinnhaken) → 5

das **Ki|no,** die Kinos
der **Ki|osk,** die Kioske
    kip|pen, du kippst → 6
die **Kir|che,** die Kirchen
    (Dorfkirche)
die **Kirch|weih**
die **Kir|mes**
die **Kir|sche** (Sauerkirsche)
das **Kis|sen,** die Kissen → 8
die **Kis|te,** die Kisten
    kit|schig – der Kitsch
der **Kitt** – kitten → 9
der **Kit|tel,** die Kittel → 9
das **Kitz,** die Kitze → 10
    kit|ze|lig [kitz|lig] → 10
    kit|zeln, du kitzelst → 10
    kla
    kläf|fen, er kläfft → 2
die **Kla|ge** – klagen
    kla|gen, du klagst
    kläg|lich → 19
die **Klamm** (Schlucht) → 4
    klamm (klamme Finger) → 4
die **Klam|mer,** die Klammern → 4
sich **klam|mern,**
    du klammerst dich → 4
die **Kla|mot|ten** → 9
der **Klang,** die Klänge
    es **klang** – klingen
die **Klap|pe,** die Klappen → 6
    klap|pen, es klappt → 6

⭐ Denke an den gemeinsamen Wortstamm. ⭐

klap|pe|rig [klapp|rig] → 6
klap|pern, du klapperst → 6
der **Klaps,** die Klapse
klar
die **Klär|an|la|ge** – klären → 19
klä|ren, du klärst → 19
die **Klas|se,** die Klassen → 8
der **Klatsch**
klat|schen, du klatschst
klau|ben, du klaubst (aufheben)
klau|en, du klaust
das **Kla|vier,** die Klaviere → 11
kle
kle|ben, du klebst
kleb|rig
der **Kleb|stoff,** die Klebstoffe → 2
kle|ckern, du kleckerst → 1
der **Klecks,** die Kleckse → 1
kleck|sen, du kleckst → 1
der **Klee** → 13
das **Kleid,** die Kleider → 22
die **Klei|dung** – kleiden
klein
die **Klei|nig|keit,** die Kleinigkeiten
klein|lich
der **Kleis|ter** – kleistern
die **Klem|me** → 4
klem|men, es klemmt → 4
der **Klemp|ner,** die Klempner
die **Klet|te,** die Kletten → 9

klet|tern, du kletterst → 9
der **Klett|ver|schluss** → 9, 8
kli
das **Kli|ma**
der **Klimm|zug** → 4
klim|pern, du klimperst
die **Klin|ge,** die Klingen
die **Klin|gel,** die Klingeln
klin|geln, du klingelst
klin|gen, es klingt, es klang
die **Kli|nik,** die Kliniken
die **Klin|ke,** die Klinken
der **Klipp** [Clip, die Klipps]
der **Klips,** die Klipse
klir|ren, es klirrt → 7
klo
das **Klo,** die Klos
klö|nen, du klönst
klop|fen, du klopfst
der **Klops,** die Klopse
der **Kloß,** die Klöße → 16
das **Klos|ter,** die Klöster
der **Klotz,** die Klötze → 10
klu
der **Klub** [Club], die Klubs
klug, klüger, am klügsten → 23
klü|ger, am klügsten – klug
die **Klug|heit**
der **Klum|pen,** die Klumpen
kn
knab|bern, du knabberst

 -ung, -heit, -keit sind Nachsilben für Namenwörter (Nomen).

der **Kna|be,** die Knaben
das **Knä|cke|brot** → 1
kna|cken, du knackst → 1
der **Knacks** → 1
der **Knall** → 3
knal|len, es knallt → 3
knapp → 6
knar|ren, es knarrt → 7
der **Knatsch**
knat|tern, es knattert → 9
das [der] **Knäu|el,** die Knäuel → 20
knau|se|rig [knaus|rig] ⭐
knau|sern, du knauserst
der **Knecht,** die Knechte
knei|fen, du kneifst, er kniff
die **Knei|pe,** die Kneipen
kne|ten, du knetest
der **Knet|gum|mi** → 4
der **Knick,** die Knicke → 1
kni|cken, du knickst → 1
kni|cke|rig [knick|rig] → 1 ⭐
der **Knicks,** die Knickse → 1
das **Knie,** die Knie
knien, du kniest
der **Kniff** (Trick) → 2
er **kniff** – kneifen → 2
knif|fe|lig [kniff|lig] → 2 ⭐
knip|sen, du knipst
der **Knirps,** die Knirpse
knir|schen, du knirschst
knis|tern, es knistert

knit|tern, es knittert → 9
kno|beln, du knobelst
der **Knob|lauch**
der **Knö|chel,** die Knöchel
der **Kno|chen,** die Knochen
der **Knö|del,** die Knödel
die **Knol|le,** die Knollen → 3
der **Knopf,** die Knöpfe
knöp|fen, du knöpfst
der **Knor|pel,** die Knorpel
knor|pe|lig [knorp|lig] ⭐
knor|rig [knor|zig] → 7 ⭐
die **Knos|pe,** die Knospen
der **Kno|ten,** die Knoten
kno|ten, du knotest
knül|len, du knüllst → 3
knüp|fen, du knüpfst
der **Knüp|pel,** die Knüppel → 6
knur|ren, du knurrst → 7
knus|pe|rig [knusp|rig] ⭐
ko
k. o.
der **Ko|bold,** die Kobolde → 22
der **Koch,** die Köche
ko|chen, du kochst
der **Ko|cher** (Campingkocher)
die **Kö|chin,** die Köchinnen
der **Kö|der** – ködern
der **Kof|fer,** die Koffer → 2
der **Kohl** → 14
die **Koh|le,** die Kohlen → 14

⭐ **-ig** ist eine Nachsilbe für Wiewörter (Adjektive). ⭐

die **Ko|kos|nuss,**
   die Kokosnüsse → 8
der **Koks**
der **Kol|ben,** die Kolben
der **Kol|le|ge,** die Kollegen
die **Kol|le|gin,** die Kolleginnen
die **Ko|lon|ne,** die Kolonnen → 5
kom
der **Kom|bi,** die Kombis
kom|bi|nie|ren,
   du kombinierst → 11 ✦
der **Ko|met,** die Kometen
kom|for|ta|bel
ko|misch – der Komiker
das **Kom|ma,** die Kommas → 4
das **Kom|man|do** –
   kommandieren → 4
kom|men, du kommst,
   er kam → 4
der **Kom|men|tar,** die Kommentare
der **Kom|mis|sar**
die **Kom|mis|sa|rin**
die **Kom|mo|de,**
   die Kommoden
die **Kom|mu|ni|on** → 4
kom|mu|ni|zie|ren,
   du kommunizierst → 4, 11 ✦
die **Ko|mö|die,** die Komödien
der **Kom|pass,** die Kompasse → 8
kom|plett → 9
das **Kom|pli|ment,** die Komplimente

kom|pli|ziert → 11
der **Kom|post|hau|fen**
das **Kom|pott** → 9
der **Kom|pro|miss,**
   die Kompromisse → 8
kon
die **Kon|di|ti|on,** die Konditionen
der **Kon|di|tor,** die Konditoren
die **Kon|di|to|rei,** die Konditoreien
die **Kon|di|to|rin**
die **Kon|fe|renz,** die Konferenzen
das **Kon|fet|ti** → 9
der **Kon|fir|mand** → 22
die **Kon|fir|man|din**
die **Kon|fir|ma|ti|on** –
   konfirmiert werden
die **Kon|fi|tü|re**
der **Kon|flikt,** die Konflikte
der **Kö|nig,** die Könige → 23
die **Kö|ni|gin,** die Königinnen
die **Kon|kur|renz** → 7
kön|nen, du kannst,
   er konnte → 5
er **konn|te** – können → 5
der **Kon|rek|tor,** die Konrektoren
die **Kon|rek|to|rin**
die **Kon|ser|ve,** die Konserven
der **Kon|so|nant,** die Konsonanten
kon|stru|ie|ren,
   du konstruierst → 11 ✦
der **Kon|takt,** die Kontakte

✦ **-ieren** ist eine Endung für Tunwörter (Verben). ✦

der **Kon|ti|nent,** die Kontinente
das **Kon|to,** die Konten
die **Kon|trol|le** → 3
    kon|trol|lie|ren,
    du kontrollierst → 3, 11
die **Kon|zen|tra|ti|on**
sich **kon|zen|trie|ren,**
    du konzentrierst dich → 11
das **Kon|zert,** die Konzerte
    kop
der **Kopf,** die Köpfe
das **Kopf|weh**
die **Ko|pie,** die Kopien
    ko|pie|ren, du kopierst → 11
    kor
der **Ko|ran**
der **Korb,** die Körbe → 21
die **Kor|del,** die Kordeln
der **Kor|ken,** die Korken
das **Korn,** die Körner
der **Kör|per,** die Körper
    kor|rekt → 7
die **Kor|rek|tur,** die Korrekturen → 7
der **Kor|ri|dor,** die Korridore → 7
    kor|ri|gie|ren,
    du korrigierst → 7, 11
    kos
der **Kos|mo|naut,** die Kosmonauten
    kost|bar
die **Kos|ten** – kosten
    kos|ten, du kostest

    köst|lich
das **Kos|tüm** – kostümieren
    kot
der **Kot**
das **Ko|te|lett,** die Koteletts → 9
der **Kö|ter,** die Köter (Hund)
der **Kot|flü|gel**
    kot|zen, du kotzt → 10
    kr
    krab|beln, du krabbelst
der **Krach**
    kra|chen, es kracht
    kräch|zen, du krächzt
die **Kraft,** die Kräfte
    kräf|tig → 19
der **Kra|gen,** die Kragen [Krägen]
die **Krä|he,** die Krähen
    krä|hen, du krähst
    kra|kee|len, du krakeelst → 13
die **Kral|le,** die Krallen → 3
    kra|men, du kramst
der **Kram|la|den**
der **Krampf,** die Krämpfe
der **Kran,** die Kräne
    krank, kränker, am kränksten ✶
    krän|ken, du kränkst → 19 ✶
    krän|ker, am kränksten –
    krank → 19 ✶
die **Krank|heit,** die Krankheiten ✶
der **Kranz,** die Kränze
der **Krap|fen,** die Krapfen

✶ Denke an den gemeinsamen Wortstamm. ✶

kr   kü

der **Kra|ter,** die Krater
    krat|zen, du kratzt → 10
der **Krat|zer** – kratzen → 10
    krau|len, du kraulst
    kraus (krauses Haar)
das **Kraut,** die Kräuter
der **Kra|wall,** die Krawalle → 3
die **Kra|wat|te,** die Krawatten → 9
    kra|xeln, du kraxelst
    kre|a|tiv
der **Krebs,** die Krebse
der **Kre|dit,** die Kredite
die **Krei|de,** die Kreiden
    krei|de|bleich
der **Kreis,** die Kreise
    krei|schen, du kreischst
der **Krei|sel,** die Kreisel
    krei|sen, du kreist
    kreis|rund → 22
die **Krem [Kre|me]** → Creme
das **Kreuz,** die Kreuze → 18
die **Kreu|zung,**
    die Kreuzungen → 18
    krib|beln, es kribbelt
    krie|chen, du kriechst,
    er kroch → 11
der **Krieg,** die Kriege → 11, 23
    krie|gen, du kriegst → 11
der **Kri|mi,** die Krimis
die **Kri|mi|nal|po|li|zei**
    kri|mi|nell → 3

der **Krin|gel,** die Kringel
die **Krip|pe** (das Krippenspiel) → 6
    kri|tisch
    kri|ti|sie|ren, du kritisierst → 11
    krit|zeln, du kritzelst → 10
er **kroch** – kriechen
das **Kro|ko|dil,** die Krokodile
der **Kro|kus,** die Krokusse
die **Kro|ne,** die Kronen
die **Krö|te,** die Kröten
die **Krü|cke,** die Krücken → 1
der **Krug,** die Krüge → 23
der **Krü|mel,** die Krümel
    krumm → 4
sich **krüm|men,**
    du krümmst dich → 4
die **Krus|te,** die Krusten
das **Kru|zi|fix,** die Kruzifixe

ku

der **Kü|bel,** die Kübel
die **Kü|che,** die Küchen
der **Ku|chen,** die Kuchen
der **Ku|ckuck** → 1
die **Ku|fe,** die Kufen
die **Ku|gel,** die Kugeln
sich **ku|geln,** du kugelst dich
die **Kuh,** die Kühe
    kühl ★
    küh|len, du kühlst ★
der **Küh|ler,** die Kühler ★
der **Kühl|schrank** ★

K

★ Denke an den gemeinsamen Wortstamm. ★

kü — la

    kühn
das **Kü|ken,** die Küken
die **Ku|lis|se,** die Kulissen → 8
    kul|lern, du kullerst → 3
die **Kul|tur,** die Kulturen
der **Küm|mel** → 4
der **Kum|mer** → 4
    küm|mer|lich → 4
sich **küm|mern,**
    du kümmerst dich → 4
der **Kum|pel,** die Kumpel
der **Kun|de,** die Kunden
die **Kün|di|gung** – kündigen
die **Kun|din,** die Kundinnen
die **Kund|schaft**
    künf|tig
die **Kunst,** die Künste
der **Künst|ler,** die Künstler
die **Künst|le|rin,** die Künstlerinnen
    künst|lich – der Kunststoff
    kun|ter|bunt
die **Kup|pe,** die Kuppen → 6
die **Kupp|lung** – kuppeln → 6
die **Kur,** die Kuren
die **Kur|bel** – kurbeln
der **Kür|bis,** die Kürbisse
    ku|ri|os
der **Kurs,** die Kurse
die **Kur|ve,** die Kurven
    kur|ven, du kurvst
    kurz, kürzer, am kürzesten ✳

    kurz|är|me|lig [kurz|ärm|lig] ✳
die **Kür|ze** – kurz ✳
    kür|zen, du kürzt ✳
    kür|zer, am kürzesten – kurz ✳
    kürz|lich ✳
    kurz|sich|tig ✳
die **Ku|si|ne** [Cousine],
    die Kusinen
der **Kuss,** die Küsse → 8
    küs|sen, du küsst → 8
die **Küs|te,** die Küsten
die **Kut|sche,** die Kutschen
der **Kut|ter,** die Kutter → 9
das **Ku|vert,** die Kuverts

L

la
das **La|by|rinth,** die Labyrinthe
    lä|cheln, du lächelst → 19
das **La|chen**
    la|chen, du lachst
    lä|cher|lich → 19
der **Lachs,** die Lachse
der **Lack,** die Lacke → 1
    la|ckie|ren, du lackierst → 1, 11
der **La|den,** die Läden
    la|den, du lädst, er lud

✳ Denke an den gemeinsamen Wortstamm. ✳

lä **lau**

du **lädst** – laden → 19 ✱
die **La|dung,** die Ladungen
er **lag** – liegen → 23
das **La|ger,** die Lager
la|gern, du lagerst
lahm – gelähmt → 12
die **Läh|mung** – lähmen → 19 ✱
der **Laib,** die Laibe (Brotlaib) → 17
der **Laich** – laichen → 17
der **Laie,** die Laien → 17
das **La|ken,** die Laken
die **Lak|rit|ze** → 10
lal|len, du lallst → 3
la|men|tie|ren, du lamentierst → 11
das **La|met|ta** → 9
das **Lamm,** die Lämmer → 4
die **Lam|pe,** die Lampen
der **Lam|pi|on,** die Lampions
das **Land,** die Länder → 22
lan|den, du landest
die **Land|schaft,** die Landschaften
die **Lan|dung** – landen
die **Land|wirt|schaft**
lang, länger, am längsten
lang|är|me|lig [langärm|lig] ✱
die **Län|ge** – lang → 19 ✱
lan|gen, es langt
län|ger, am längsten – lang → 19 ✱
die **Lan|ge|wei|le**
läng|lich – lang → 19 ✱
lang|sam
längst, lang → 19 ✱
sich **lang|wei|len,** du langweilst dich
lang|wei|lig
der **Lap|pen,** die Lappen → 6
läp|pisch → 19, 6
die **Lär|che,** die Lärchen (der Baum)
der **Lärm** – lärmen
lär|men, du lärmst
die **Lar|ve,** die Larven
er **las** – lesen
lasch
las|sen, du lässt, er ließ → 8
läs|sig → 19, 8
das **Las|so,** die Lassos → 8
du **lässt** – lassen → 19, 8 ✱
die **Last,** die Lasten
der **Las|ter,** die Laster
läs|tern, du lästerst → 19
läs|tig → 19 ✱
das **La|tein** – lateinisch
die **La|ter|ne,** die Laternen
lat|schen, du latschst
die **Lat|te,** die Latten → 9
der **Latz** (die Latzhose) → 10
lau
das **Laub**
die **Lau|er** – lauern
lau|ern, du lauerst
der **Lauf,** die Läufe
lau|fen, du läufst, er lief

✱ Denke an das verwandte Wort mit **a**. ✱

lau|fend
der **Läu|fer** – laufen → 20
die **Läu|fe|rin,**
    die Läuferinnen → 20
du **läufst** – laufen → 20
die **Lau|ne,** die Launen
    lau|nisch
die **Laus,** die Läuse
der **Laus|bub,** die Lausbuben
    lau|schen, du lauschst
    laut
der **Laut,** die Laute
    läu|ten, du läutest → 20
    lau|ter
    lau|warm
die **La|va**
die **La|wi|ne,** die Lawinen
    le
das **Le|ben**
    le|ben, du lebst
    le|ben|dig
die **Le|bens|mit|tel** → 9
die **Le|ber**
    leb|haft
der **Leb|ku|chen,** die Lebkuchen
das **Leck,** die Lecks → 1
    le|cken, du leckst → 1
    le|cker → 1
der **Le|cker|bis|sen,**
    die Leckerbissen → 1, 8
das **Le|der**

    le|dig
    le|dig|lich
    leer → 13
    lee|ren, du leerst
    (das Glas leeren) → 13
    le|gen, du legst
die **Le|gen|de,** die Legenden
der **Lehm** → 13
    leh|mig → 13
die **Leh|ne,** die Lehnen → 13
    leh|nen, du lehnst → 13
die **Leh|re** – lehren → 13 ★
    leh|ren, du lehrst (jemandem
    etwas beibringen) → 13 ★
der **Leh|rer,** die Lehrer → 13 ★
die **Leh|re|rin,** die Lehrerinnen → 13
der **Leib,** die Leiber (Körper) → 21
die **Lei|che,** die Leichen
der **Leich|nam,** die Leichname
    leicht, am leichtesten
die **Leicht|ath|le|tik**
die **Leich|tig|keit**
der **Leicht|sinn** → 5
    leicht|sin|nig → 5
das **Leid**
das **Lei|den,** die Leiden
    lei|den, du leidest, er litt
    (Hunger leiden)
    lei|dend
die **Lei|den|schaft**
    lei|den|schaft|lich

★ Denke an den gemeinsamen Wortstamm. ★

lei der (sich leider verspäten)
lei ern, du leierst
lei hen, du leihst, er lieh
der **Leim**
lei men, du leimst
die **Leine,** die Leinen
das **Leinen**
die **Lein wand,** die Leinwände → 22
leis [lei se]
die **Leis te,** die Leisten
leis ten, du leistest
die **Leis tung** – leisten
lei ten, du leitest
der **Leiter,** die Leiter (Schulleiter)
die **Leiter,** die Leitern
die **Leite rin,** die Leiterinnen
die **Lei tung** – leiten
die **Lek ti on,** die Lektionen
die **Lek tü re**
len ken, du lenkst
die **Len kung** – lenken
der **Lenz**
der **Le o pard,** die Leoparden → 22
die **Ler che,** die Lerchen
(der Vogel)
ler nen, du lernst
die **Le se** (Weinlese)
le sen, du liest, er las
der **Le ser** – lesen
die **Le se rin,** die Leserinnen
le ser lich

letz te, letzter, letztes → 10
der **Letz te,** die Letzte, das Letzte
leuch ten, es leuchtet → 18
der **Leuch ter,** die Leuchter → 18
leug nen, du leugnest → 18
die **Leu te** → 18
das **Le xi kon,** die Lexika [Lexiken]

li

die **Li bel le,** die Libellen → 3
das **Licht,** die Lichter
lich ter loh
die **Lich tung,** die Lichtungen
das **Lid,** die Lider (Augenlid) → 22
lieb → 11, 21
die **Lie be** – lieben → 11
lie ber, am liebsten – gern → 11
lieb lich → 11
der **Lieb ling** → 11
die **Lieb lings spei se** → 11
lieb los → 11
das **Lied,** die Lieder
(Volkslied) → 11, 22
lie der lich → 11
er **lief** – laufen → 11
lie fern, du lieferst → 11
die **Lie fe rung,**
die Lieferungen → 11
die **Lie ge,** die Liegen → 11
lie gen, du liegst, er lag → 11
der **Lie ge stütz** → 11, 10
er **lieh** – leihen → 11

 Denke an den gemeinsamen Wortstamm.

lie lo

er **ließ** – lassen → 11, 16
du **liest** – lesen → 11
der **Lift,** die Lifte
die **Li|ga,** die Ligen
li|la
die **Li|mo|na|de,** die Limonaden
die **Lin|de,** die Linden
das **Li|ne|al,** die Lineale
die **Li|nie,** die Linien
li|niert [li|ni|iert] – lini[i]eren → 11
links
der **Links|hän|der,**
   die Linkshänder → 19
links|hän|dig → 19 ⭐
das **Li|no|le|um**
die **Lin|se** – linsen
die **Lip|pe** (Oberlippe) → 6
lis|peln, du lispelst
die **List,** die Listen
die **Lis|te,** die Listen
lis|tig ⭐
der [das] **Li|ter,** die Liter
die **Li|te|ra|tur**
die **Lit|faß|säu|le**
er **litt** – leiden → 9
die **Live|sen|dung**
lo
das **Lob** – loben → 21
lo|ben, du lobst
lo|bens|wert
das **Loch,** die Löcher

lo|chen, du lochst
lö|che|rig [löch|rig] ⭐
lö|chern, du löcherst mich
die **Lo|cke,** die Locken → 1
lo|cken, du lockst → 1
lo|cker → 1
lo|ckern, du lockerst → 1
lo|ckig (lockige Haare) → 1 ⭐
der **Lo|den|man|tel,** die Lodenmäntel
lo|dern, es lodert
der **Löf|fel,** die Löffel → 2
er **log** – lügen → 23
lo|gisch
der **Lohn,** die Löhne → 14
sich **loh|nen,** es lohnt sich → 14
die **Loi|pe,** die Loipen
das **Lo|kal,** die Lokale
die **Lo|ko|mo|ti|ve [Lok],**
   die Lokomotiven
los
das **Los,** die Lose
lös|bar
das **Lösch|blatt,**
   die Löschblätter → 9
lö|schen, du löschst
lo|se
lo|sen, du lost
lö|sen, du löst
lös|lich
die **Lö|sung,** die Lösungen
das **Lot,** die Lote

⭐ **-ig** ist eine Nachsilbe für Wiewörter (Adjektive). ⭐

lö — ma

    lö|ten, er lötet
der **Lot|se,** die Lotsen
die **Lot|te|rie,** die Lotterien → 9
das **Lot|to** → 9
der **Lö|we,** die Löwen
    lu
der **Luchs,** die Luchse
die **Lü|cke** (Zahnlücke) → 1
    lü|cken|haft → 1
    lü|cken|los → 1
er **lud** – laden → 22
das **Lu|der,** die Luder
die **Luft,** die Lüfte ⭐
    lüf|ten, du lüftest ⭐
    luf|tig ⭐
die **Lüf|tung** – lüften ⭐
die **Lü|ge** (Notlüge)
    lü|gen, du lügst, er log
der **Lüg|ner** – lügen
die **Lüg|ne|rin,** die Lügnerinnen
die **Lu|ke,** die Luken
der **Lüm|mel,** die Lümmel → 4
sich **lüm|meln,**
    du lümmelst dich → 4
der **Lump,** die Lumpen
der **Lum|pen,** die Lumpen
    lum|pig
die **Lun|ge,** die Lungen
die **Lu|pe,** die Lupen
die **Lust**
    lus|tig

    lut|schen, du lutschst
    Lu|xem|burg – luxemburgisch
    lu|xu|ri|ös
der **Lu|xus**

M

ma
    ma|chen, du machst
die **Macht,** die Mächte
    mäch|tig – die Macht → 19
die **Ma|cke,** die Macken → 1
das **Mäd|chen,** die Mädchen
die **Ma|de,** die Maden
    ma|dig
die **Ma|don|na,** die Madonnen → 5
der **Ma|gen,** die Mägen [Magen]
    ma|ger
der **Ma|gnet,** die Magnete
    ma|gne|tisch
du **magst** – mögen
der **Mäh|dre|scher,**
    die Mähdrescher
    mä|hen, du mähst
das **Mahl** (Festmahl) → 12
    mah|len, du mahlst
    (Kaffee mahlen) → 12
die **Mahl|zeit,** die Mahlzeiten → 12

L
M

⭐ Denke an den gemeinsamen Wortstamm. ⭐

die **Mäh|ne,** die Mähnen
  mah|nen, du mahnst → 12
die **Mah|nung** – mahnen → 12
der **Mai** → 17
die **Mail|box**
der **Main**
der **Mais** → 17
die **Ma|jes|tät,** die Majestäten
die **Ma|jo|nä|se** [Mayonnaise]
die **Mak|ka|ro|ni**
das **Mal** (Muttermal,
  zum ersten Mal)
  mal (zweimal)
  ma|len, du malst
  (ein Bild malen)
der **Ma|ler** – malen
die **Ma|le|rei**
die **Ma|le|rin,** die Malerinnen
das **Malz|bier** → 11
die **Ma|ma**
  man
  man|che, mancher, manches
  manch|mal
die **Man|da|ri|ne,** die Mandarinen
die **Man|del,** die Mandeln
die **Ma|ne|ge,** die Manegen
der **Man|gel,** die Mängel
  man|gel|haft
die **Ma|nie|ren** → 11
der **Mann,** die Männer → 5
  männ|lich – der Mann → 19, 5

die **Mann|schaft,**
  die Mannschaften → 5
der **Man|tel,** die Mäntel
die **Map|pe,** die Mappen → 6
das **Mär|chen,** die Märchen
die **Mar|ga|ri|ne**
die **Ma|rio|net|te,**
  die Marionetten → 9
die **Mark**
die **Mar|ke,** die Marken
  mar|kie|ren, du markierst → 11
der **Markt,** die Märkte
die **Mar|me|la|de**
der **Mar|mor**
der **Mars**
der **Marsch,** die Märsche
  mar|schie|ren,
  du marschierst → 11
das **Mar|tins|horn**
der **März**
das [der] **Mar|zi|pan**
die **Ma|sche,** die Maschen
die **Ma|schi|ne,** die Maschinen
  ma|schi|nell → 3
die **Ma|sern**
die **Mas|ke** – maskieren
sich **mas|kie|ren,**
  du maskierst dich → 11
das **Mas|kott|chen** → 9
das **Maß,** die Maße → 16
  er **maß** – messen → 16

 Wörter mit der Endung **-ine** werden ohne Dehnungszeichen geschrieben.

die **Mas|sa|ge,** die Massagen → 8
die **Mas|se,** die Massen → 8
   mas|sie|ren, du massierst → 8, 11
   mä|ßig → 16
   mas|siv → 8
der **Maß|stab,** die Maßstäbe → 16
der **Mast,** die Masten (Fahnenmast)
die **Mast** (Schweinemast)
   mäs|ten, du mästest → 19
das **Match** (Spiel)
das **Ma|te|ri|al,** die Materialien
die **Ma|the|ma|tik**
die **Mat|rat|ze,** die Matratzen → 10
der **Mat|ro|se,** die Matrosen
der **Matsch** (Schneematsch)
   mat|schig
   matt – am mattesten → 9
die **Mat|te,** die Matten → 9
die **Mau|er,** die Mauern
   mau|ern, du mauerst
das **Maul,** die Mäuler
   mau|len, du maulst
der **Maul|wurf,** die Maulwürfe
der **Mau|rer,** die Maurer
die **Maus,** die Mäuse
die **Ma|yon|nai|se** → Majonäse
me
der **Me|cha|ni|ker,** die Mechaniker
die **Me|cha|ni|ke|rin** – mechanisch
   me|ckern, du meckerst → 1

Meck|len|burg-Vor|pom|mern – mecklenburg-vorpommersch
die **Me|dail|le,** die Medaillen
die **Me|di|en**
das **Me|di|ka|ment,** die Medikamente
die **Me|di|zin**
das **Meer,** die Meere → 13
der **Meer|ret|tich** → 13, 9
das **Mehl** → 13
   mehr, am meisten – viel → 13
   meh|re|re → 13
   mehr|mals → 13
die **Mehr|zahl** → 13, 12
   mei|den, du meidest, er mied
   mein, meine, meiner, meines
   mei|nen, du meinst
   mei|net|we|gen
die **Mei|nung** – meinen
die **Mei|se,** die Meisen
der **Mei|ßel** – meißeln → 16
   meist, meistens
   am **meis|ten** – viel
der **Meis|ter,** die Meister
die **Meis|te|rin,** die Meisterinnen
die **Meis|ter|schaft**
   mel|den, du meldest
die **Mel|dung** – melden
   mel|ken, du melkst, er molk
die **Me|lo|die,** die Melodien
die **Me|lo|ne,** die Melonen
das **Me|mo|ry,** die Memorys

 Beachte den gleichen Wortstamm.

die **Menge,** die Mengen
der **Mensch,** die Menschen
das **Menü,** die Menüs
   merken, du merkst ✹
das **Merkmal,** die Merkmale ✹
   merkwürdig ✹
die **Messe,** die Messen → 8
   messen, du misst, er maß → 8
das **Messer,** die Messer → 8
das **Messgerät,** die Messgeräte
das **Messing** → 8
das **Metall,** die Metalle → 3
der **Meteor,** die Meteore
der **Meter,** die Meter
die **Methode,** die Methoden
die **Mettwurst,** die Mettwürste
der **Metzger,** die Metzger → 10
die **Metzgerei** → 10
die **Meuterei** – meutern → 18
   mi
   miauen, sie miaut
   mich
die **Mickymaus**
   er **mied** – meiden → 11
die **Miene** (mit ernster Miene) → 11
   mies – am miesesten → 11
die **Miete,** die Mieten
   (eine Wohnung mieten) → 11
   mieten, du mietest → 11
das **Mikrofon** [Mikrophon],
   die Mikrofone

das **Mikroskop,** die Mikroskope
die **Mikrowelle** → 3
die **Milch** – milchig
   mild → 22
das **Militär** – militärisch
die **Milliarde,** die Milliarden
der **Millimeter,** die Millimeter
die **Million,** die Millionen
   mindestens
die **Mine** (Bleistiftmine)
das **Mineralwasser** → 8
   Minigolf
der **Minister,** die Minister
die **Ministerin**
der **Ministrant,** die Ministranten
die **Ministrantin**
   minus
die **Minute,** die Minuten
   mir
   mischen, du mischst
   miserabel
   missachten,
   du missachtest → 8
der **Missbrauch** –
   missbrauchen → 8
das **Missgeschick**
   misshandeln,
   du misshandelst → 8
die **Mission** → 8
der **Missionar,** die Missionare → 8
die **Missionarin** → 8

✹ Denke an den gemeinsamen Wortstamm. ✹

du **misst** – messen → 8
das **Misstrauen** – misstrauen → 8
  misstrauen, du misstraust → 8
  misstrauisch → 8
  missverstanden –
  missverstehen → 8
das **Missverständnis** –
  missverstehen → 8, 19
der **Mist** (Pferdemist)
  mit
  miteinander
das **Mitglied,** die Mitglieder → 11
der **Mitlaut,** die Mitlaute
das **Mitleid** → 22
  mitleidig
der **Mittag,** am Mittag → 9
  mittags → 9
die **Mitte** – mittendrin → 9
  mitteilen, du teilst mit
die **Mitteilung,** die Mitteilungen
das **Mittel,** die Mittel → 9
das **Mittelmeer** → 9, 13
  mitten → 9
die **Mitternacht** → 9
  mittlerweile → 9
der **Mittwoch,** am Mittwoch → 9
  mittwochs → 9
  mixen, du mixt
der **Mixer** – mixen
  mo
die **Möbel**

er **mochte** – mögen
die **Mode,** die Moden
das **Modell,** die Modelle → 3
  modern
das **Mofa,** die Mofas
  mogeln, du mogelst
  mögen, du magst, er mochte
  möglich
die **Möglichkeit**
  möglichst
der **Mohn** → 14
der **Mohr** (Mohrenkopf) → 14
die **Möhre,** die Möhren
die **Mohrrübe,**
  die Mohrrüben → 14
der **Molch,** die Molche
er **molk** – melken
die **Molkerei,** die Molkereien
  mollig → 3
der **Moment,** die Momente
  momentan
der **Monat,** die Monate
der **Mönch,** die Mönche
der **Mond,** die Monde → 22
die **Moneten**
das **Monster,** die Monster
der **Montag,** am Montag
die **Montage** – montieren
  montags
der **Monteur,** die Monteure
  montieren, du montierst → 11

 Es gibt viele Zusammensetzungen mit dem Wortbaustein **mit-**.

mo **mu**

das **Moor,** die Moore
(die Moorlandschaft) → 14
das **Moos,** die Moose → 14
das **Mo|ped,** die Mopeds
der **Mops,** die Möpse
die **Mo|ral** – moralisch
der **Mo|rast** – morastig
der **Mord,** die Morde → 22
   mor|den, er mordet
der **Mör|der** – morden
die **Mör|de|rin**
der **Mor|gen,** am Morgen
   mor|gen, morgen Abend
das **Mor|gen|grau|en**
   mor|gens
   morsch
der **Mör|tel**
das **Mo|sa|ik,** die Mosaiken
die **Mo|schee,** die Moscheen
die **Mo|sel**
der **Most**
der **Mo|tor,** die Motoren
die **Mot|te,** die Motten → 9
   mot|zen, du motzt → 10
das **Moun|tain|bike**
die **Mö|we,** die Möwen
   mu
die **Mü|cke,** die Mücken → 1
   mucks|mäus|chen|still → 1, 20, 3
   mü|de
die **Mü|dig|keit** ★

die **Mü|he,** die Mühen
die **Müh|le,** die Mühlen
   müh|sam
die **Mul|de,** die Mulden
der **Müll** → 3
die **Müll|ab|fuhr** → 3, 15
die **Mull|bin|de,** die Mullbinden → 3
die **Müll|de|po|nie,**
   die Mülldeponien → 3, 11
die **Mul|ti|pli|ka|ti|on**
   mul|ti|pli|zie|ren,
   du multiplizierst → 11
der **Mumps**
der **Mund,** die Münder → 22
   mün|den, er mündet
die **Mund|har|mo|ni|ka**
   münd|lich
die **Mün|dung** – münden ★
die **Mu|ni|ti|on**
   mun|keln, du munkelst
   mun|ter
die **Mün|ze,** die Münzen
   mürb [mür|be]
die **Mur|mel,** die Murmeln
   mur|meln, du murmelst
das **Mur|mel|tier,**
   die Murmeltiere → 11
   mur|ren, du murrst → 7
   mür|risch → 7
das **Mus** (Apfelmus)
die **Mu|schel,** die Muscheln

★ **-ung** und **-keit** sind Nachsilben für Namenwörter (Nomen). ★

mu  **na**

das **Mu|se|um,** die Museen
die **Mu|sik,** die Musiken
    mu|si|ka|lisch
der **Mu|si|ker,** die Musiker
die **Mu|si|ke|rin,** die Musikerinnen
    mu|si|zie|ren, du musizierst → 11
der **Mus|kel,** die Muskeln
das **Müs|li**
der **Mus|lim,** die Muslime
die **Mus|li|ma,** die Muslimas
    müs|sen, du musst,
    er musste → 8
 du **musst,** er musste – müssen
das **Mus|ter,** die Muster
der **Mut** – mutig
die **Mut|ter,** die Mütter → 9
    mut|wil|lig → 3
die **Müt|ze,** die Mützen → 10

N

na
die **Na|be,** die Naben (Radnabe)
der **Na|bel,** die Nabel
    nach
    nach|ah|men,
    du ahmst nach → 12
der **Nach|bar,** die Nachbarn
die **Nach|ba|rin,** die Nachbarinnen
die **Nach|bar|schaft**
    nach|dem
    nach|ein|an|der ★
    nach|gie|big → 11
    nach|her
    nach|läs|sig → 19, 8
der **Nach|mit|tag,**
    die Nachmittage → 9
    nach|mit|tags → 9
die **Nach|richt,** die Nachrichten
    nächs|te Woche
am **nächs|ten** – nah
die **Nacht,** die Nächte
der **Nach|teil,** die Nachteile
    nach|träg|lich → 19
    nachts
    nackt → 1
die **Na|del,** die Nadeln
der **Na|gel,** die Nägel
    na|geln, du nagelst
    na|gen, du nagst
    nah [na|he], näher, am nächsten
die **Nä|he** → 19
    nä|hen, du nähst → 19
    nä|her, am nächsten – nah → 19
er **nahm** – nehmen → 12
    nahr|haft → 12
die **Nah|rung** → 12
das **Nah|rungs|mit|tel,**
    die Nahrungsmittel → 12, 9

M
N

★ Auch so kannst du trennen: **nach-ein-an-der**. ★

die **Naht,** die Nähte → 12
na|iv
der **Na|me,** die Namen
das **Na|men|wort,** die Namenwörter
näm|lich
er **nann|te** – nennen → 5
der **Napf,** die Näpfe
die **Nar|be,** die Narben
die **Nar|ko|se**
der **Narr** – närrisch → 7
die **Nar|zis|se** → 8
na|schen, du naschst
die **Na|se,** die Nasen
nass → 8
die **Näs|se** – nass → 19, 8
die **Na|ti|on,** die Nationen
die **Na|tur,** die Naturen
na|tür|lich

ne

der **Ne|bel,** die Nebel
ne|be|lig [neb|lig]
ne|ben
der **Ne|ckar**
ne|cken, du neckst → 1
der **Nef|fe,** die Neffen → 2
ne|ga|tiv
neh|men, du nimmst,
er nahm → 13
der **Neid** → 22
nei|disch ★
sich **nei|gen,** du neigst dich

nein
die **Nel|ke,** die Nelken
nen|nen, du nennst,
er nannte → 5
das **Ne|on|licht**
der **Nerv,** die Nerven
ner|vös
das **Nest,** die Nester
nett → 9
das **Netz,** die Netze → 10
neu → 18
die **Neu|gier[de]** –
neugierig → 18, 11
die **Neu|ig|keit**
neu|lich → 18
neun, neunmal → 18
neun|zehn → 18, 13
neun|zig → 18

ni

nicht
die **Nich|te,** die Nichten
nichts
ni|cken, du nickst → 1
nie → 11
nie|der → 11
die **Nie|der|lan|de** – niederländisch
Nie|der|sach|sen –
niedersächsisch
der **Nie|der|schlag,**
die Niederschläge → 11
nied|lich → 11

★ **-isch** ist eine Nachsilbe für Wiewörter (Adjektive). ★

ni  **ob**

    nied|rig → 11
    nie|mals → 11
    nie|mand → 11
die **Nie|re,** die Nieren → 11
    nie|seln, es nieselt → 11
    nie|sen, du niest → 11
die **Nie|te,** die Nieten → 11
der **Ni|ko|laus**
das **Nil|pferd,** die Nilpferde → 22
 du **nimmst** – nehmen → 4
    nip|pen, du nippst → 6
    nir|gends
die **Ni|sche**
    nis|ten, er nistet
die **Ni|xe,** die Nixen
    no
    noch
    noch|mals
das **No|men,** die Nomen
der **No|mi|na|tiv**
die **Non|ne,** die Nonnen → 5
der **Non|sens** (Nonsens reden)
    non|stop
der **Nor|den**
    nörd|lich
    Nord|rhein-West|fa|len –
    nordrhein-westfälisch
    nör|geln, du nörgelst
    nor|mal
    Nor|we|gen – norwegisch
die **Not,** die Nöte

die **No|te,** die Noten
    no|tie|ren, du notierst → 11
    nö|tig
die **No|tiz,** die Notizen
    not|wen|dig
der **No|vem|ber**
    nu
 im **Nu**
    nüch|tern
die **Nu|del,** die Nudeln
    null → 3
die **Num|mer,** die Nummern → 4
    num|me|rie|ren,
    du nummerierst → 4, 11
    nun
    nur
die **Nuss,** die Nüsse → 8
    nut|zen, du nutzt → 10 ✸
    nüt|zen, du nützt → 10 ✸
    nütz|lich → 10 ✸

N
O

O

o
die **O|a|se,** die Oasen
    ob
    o|ben
der **O|ber,** die Ober

✸ Beachte den gemeinsamen Wortstamm. ✸

die **O|ber|flä|che** → 19
o|ber|fläch|lich → 19
das **Ob|jekt,** die Objekte
die **Ob|la|te,** die Oblaten
das **Obst**
ob|wohl → 14
der **Och|se,** die Ochsen
o|cker → 1
ö|de
o|der
die **O|der**
der **O|fen,** die Öfen
of|fen – die Offenheit → 2 ★
die **Öf|fent|lich|keit** – öffentlich ★
of|fi|ziell → 2, 3
öff|nen, du öffnest → 2 ★
die **Öff|nung** – offen → 2 ★
oft, öfter, am öftesten
öf|ter, am öftesten – oft
oft|mals
oh|ne → 14
die **Ohn|macht** –
ohnmächtig → 14
das **Ohr,** die Ohren → 14
die **Ohr|fei|ge,** die Ohrfeigen → 14
o|kay [o. k.]
der **Ok|to|ber**
das **Öl,** die Öle
ö|len, du ölst
die **O|li|ve,** die Oliven
die **O|lym|pi|a|de,** die Olympiaden

die **O|lym|pi|schen Spie|le**
die **O|ma,** die Omas
das **O|me|lett,** die Omeletts → 9
der **Om|ni|bus,** die Omnibusse
der **On|kel,** die Onkel
on|line (Online-Dienste)
der **O|pa,** die Opas
das **O|pen|air|kon|zert** [Open-Air-Konzert]
die **O|per,** die Opern
die **O|pe|ra|ti|on,** die Operationen
o|pe|rie|ren, er operiert → 11
das **Op|fer,** die Opfer
op|fern, du opferst
op|ti|mal
op|ti|mis|tisch – der Optimist
die **O|ran|ge,** die Orangen
o|ran|ge
das **Or|ches|ter,** die Orchester
or|dent|lich
ord|nen, du ordnest
der **Ord|ner** – ordnen
die **Ord|nung** – ordnen
das **Or|gan,** die Organe
die **Or|ga|ni|sa|ti|on,**
die Organisationen
or|ga|ni|sie|ren, du organisierst → 1
die **Or|gel,** die Orgeln
der **O|ri|ent** – orientalisch
sich o|ri|en|tie|ren,
du orientierst dich → 11

★ Denke an den gemeinsamen Wortstamm. ★

die **O|rien|tie|rung** → 11 ★
das **O|ri|gi|nal,** die Originale
    o|ri|gi|nell → 3
der **Or|kan,** die Orkane
der **Ort,** die Orte
die **Ort|schaft,** die Ortschaften ★
der **Os|ten**
    Os|tern
    Ös|ter|reich – österreichisch
    öst|lich
    o|val
der **O|ver|all,** die Overalls → 3
der **O|ze|an,** die Ozeane
das **O|zon**

P

pa

das **Paar,** die Paare → 12
ein **paar** (einige) → 12
ein **paar|mal** → 12
    pach|ten, du pachtest
das **Päck|chen** – packen → 19, 1
    pa|cken, du packst
    (ein Paket packen) → 1
die **Pa|ckung,** die Packungen → 1 ★
das **Pad|del,** die Paddel
    pad|deln, du paddelst

das **Pa|ket,** die Pakete
der **Pa|last,** die Paläste
die **Pal|me,** die Palmen
die **Pam|pel|mu|se,**
    die Pampelmusen
die **Pa|nik**
die **Pan|ne,** die Pannen → 5
der **Pan|ther** [Panter], die Panther
der **Pan|tof|fel,** die Pantoffeln → 2
der **Pan|zer,** die Panzer
der **Pa|pa**
der **Pa|pa|gei,** die Papageien
das **Pa|pier,** die Papiere → 11
die **Pap|pe,** die Pappen → 6
die **Pap|pel,** die Pappeln → 6
der **Pap|ri|ka,** die Paprikas
der **Papst,** die Päpste
das **Pa|ra|dies,** die Paradiese → 11
    pa|ral|lel → 3
die **Pa|ral|le|le,** die Parallelen
der **Pa|ra|sit,** die Parasiten
das **Pär|chen** – das Paar → 19
das **Par|fum** [**Par|füm**]**,** die Parfums
    [Parfüme, Parfüms]
    pa|rie|ren, du parierst → 11
der **Park,** die Parks
der **Par|ka,** die Parkas
    par|ken, du parkst
das **Par|kett**
    (der Parkettboden) → 9
der **Park|platz,** die Parkplätze → 10

O
P

★ **-schaft** und **-ung** sind Nachsilben für Namenwörter (Nomen). ★

pa   **pf**

das **Par|la|ment,** die Parlamente
die **Par|tei,** die Parteien
das **Par|ter|re** →7
der **Part|ner,** die Partner
die **Part|ne|rin,** die Partnerinnen
die **Par|ty,** die Partys
der **Pass,** die Pässe
    (Reisepass) →8
der **Pas|sa|gier,** die Passagiere →8
    pas|sen, es passt →8
    pas|sie|ren, es passiert →8, 11
    pas|siv →8
 es **pass|te** – passen →8
die **Pas|te|te,** die Pasteten
der **Pas|tor,** die Pastoren
die **Pas|to|rin,** die Pastorinnen
der **Pa|te,** die Paten
der **Pa|ter,** die Patres
der **Pa|ti|ent,** die Patienten
die **Pa|ti|en|tin,** die Patientinnen
die **Pa|tin,** die Patinnen
die **Pa|tro|ne,** die Patronen
die **Pau|ke,** die Pauken
die **Pau|se,** die Pausen
der **Pa|zi|fik**
der **PC,** die PCs (**P**ersonal**c**omputer)
  pe
das **Pech**
das **Pe|dal,** die Pedale
    pein|lich
die **Peit|sche,** die Peitschen

die **Pel|le,** die Pellen →3
    pel|len, du pellst
    (Kartoffeln pellen) →3
der **Pelz** – pelzig
    pen|deln, du pendelst
der **Pend|ler,** die Pendler
der **Pe|nis**
die **Pen|sion,** die Pensionen
das **Per|fekt**
    per|fekt
die **Pe|rio|de,** die Perioden
die **Per|le,** die Perlen
die **Per|son,** die Personen
    per|sön|lich
die **Pe|rü|cke,** die Perücken →1
    pes|si|mis|tisch –
    der Pessimist →8
die **Pe|ter|si|lie**
das **Pet|ro|le|um**
    pet|zen, du petzt →10
  pf
der **Pfad,** die Pfade →22 ★
der **Pfahl,** die Pfähle →12
das **Pfand,** die Pfänder →22 ★
die **Pfan|ne,** die Pfannen →5
der **Pfar|rer,** die Pfarrer →7
die **Pfar|re|rin,** die Pfarrerinnen →7
der **Pfau,** die Pfauen
der **Pfef|fer** – pfeffern →2
die **Pfef|fer|min|ze** →2
    pfef|fern, du pfefferst →2

★ Beim verlängerten Wort hörst du das **d** deutlich. ★

pf **pi**

die **Pfei|fe** – pfeifen
pfei|fen, du pfeifst, er pfiff
der **Pfeil,** die Pfeile
der **Pfei|ler,** die Pfeiler
der **Pfen|nig,** die Pfennige → 5
das **Pferd,** die Pferde → 22
der **Pfiff** – pfeifen → 2
er **pfiff** – pfeifen → 2
der **Pfif|fer|ling,** die Pfifferlinge → 2
pfif|fig → 2
Pfings|ten
der **Pfir|sich,** die Pfirsiche
die **Pflan|ze** – pflanzen ✶
pflan|zen, du pflanzt ✶
das **Pflas|ter** – pflastern
die **Pflau|me,** die Pflaumen
die **Pfle|ge**
pfle|gen, du pflegst
die **Pflicht** – verpflichten
pflü|cken, du pflückst
(Äpfel pflücken) → 1
der **Pflug,** die Pflüge
pflü|gen, du pflügst
(den Acker pflügen)
die **Pfor|te,** die Pforten
der **Pfört|ner,** die Pförtner
der **Pfos|ten,** die Pfosten
die **Pfo|te,** die Pfoten
der **Pfrop|fen,** die Pfropfen
pfui
das **Pfund,** die Pfunde → 22

pfu|schen, du pfuschst
die **Pfüt|ze,** die Pfützen → 10
ph
die **Phan|ta|sie** → Fantasie
phan|tas|tisch → fantastisch
das **Phan|tom,** die Phantome
die **Pho|to|gra|phie** → Fotografie
die **Phy|sik**
pi
der **Pi|ckel,** die Pickel → 1
pi|cken, du pickst → 1
das **Pick|nick** → 1
pie|pen, es piept → 11
pier|cen, du bist gepierct → 11
pi|kant
die **Pil|le,** die Pillen → 3
der **Pi|lot,** die Piloten
die **Pi|lo|tin,** die Pilotinnen
der **Pilz,** die Pilze ✶
der **Pin|gu|in,** die Pinguine
pink
die **Pinn|wand** → 5
der **Pin|sel,** die Pinsel
pin|seln, du pinselst
die **Pin|zet|te,** die Pinzetten → 9 ✶
der **Pi|rat,** die Piraten
pir|schen, du pirschst
die **Pis|te,** die Pisten
die **Pis|to|le,** die Pistolen
die **Piz|za,** die Pizzas [Pizzen]
die **Piz|ze|ria,** die Pizzerien

P

✶ Nach Mitlauten steht nur **z**, nie **tz**. ✶

pl   po

pl
plagen, du plagst
das Plakat, die Plakate
die Plakette, die Plaketten → 9
der Plan, die Pläne
die Plane, die Planen
planen, du planst
der Planet, die Planeten
plan[t]schen, du plan[t]schst
plappern, du plapperst → 6
plärren, du plärrst → 7
das Plastik
das Plastilin
plätschern, es plätschert
das Platt (Platt sprechen)
platt (ein platter Reifen) → 9
die Platte, die Platten → 9
der Platz, die Plätze → 10
das Plätzchen, die Plätzchen → 10
platzen, es platzt → 10
plaudern, du plauderst
das Play-back [Playback]
pleite sein
die Plombe, die Plomben
plombieren, er plombiert → 11 ★
plötzlich → 10
plump
plumpsen, du plumpst
der Plunder
plündern, du plünderst
der Plural

plus
po
der Po [Popo]
pochen, du pochst
die Pockenschutzimpfung → 1, 10
das Podium, die Podien
das Poesiealbum, die Poesiealben
der Pokal, die Pokale
der Pol, die Pole (Nordpol)
Polen – polnisch
polieren, du polierst → 11 ★
die Politesse, die Politessen → 8
die Politik – politisch
der Politiker, die Politiker
die Politikerin
die Polizei
der Polizist, die Polizisten
die Polizistin, die Polizistinnen
der Pollen, die Pollen → 3
das Polster, die Polster
polstern, du polsterst
poltern, du polterst
die Pommes frites
das Pony, die Ponys
der Pool (Swimmingpool)
die Popmusik
die Pore, die Poren
die Portion, die Portionen
das Portmonee [Portemonnaie]
das Porto, die Portos [Porti]
Portugal – portugiesisch

★ Wörter mit der Endung **-ieren** sind Tunwörter (Verben).

das **Porzellan**
die **Posaune,** die Posaunen
po|si|tiv
die **Post**
das **Poster,** die Poster
pr
die **Pracht** – prächtig
das **Prädikat**
prä|gen, du prägst
prah|len, du prahlst → 12
prak|tisch
die **Praline,** die Pralinen
prall → 3
die **Prämie,** die Prämien
die **Pranke,** die Pranken
die **Prärie,** die Prärien
das **Präsens**
der **Präsident,** die Präsidenten
die **Präsidentin**
prasseln, es prasselt → 8
das **Präteritum**
die **Praxis,** die Praxen
predigen, du predigst
die **Predigt,** die Predigten
der **Preis,** die Preise
das **Preisausschreiben**
preiswert
prel|len, du prellst → 3
die **Prellung,** die Prellungen → 3
die **Presse** → 8
pres|sen, du presst → 8

pres|sie|ren, es pressiert → 8, 11
der **Priester,** die Priester → 11
pri|ma
pri|mi|tiv
der **Prinz,** die Prinzen
die **Prinzessin** → 8
die **Prise** (eine Prise Salz)
pri|vat
die **Probe,** die Proben
pro|ben, du probst
pro|bie|ren, du probierst → 11
das **Problem,** die Probleme ★
das **Produkt** – produzieren
der **Professor,** die Professoren → 8
die **Professorin** → 8
der **Profi,** die Profis
das **Programm,** die Programme → 4
das **Projekt,** die Projekte
der **Projektor** (Overhead-Projektor)
pro|mi|nent
prompt
das **Pronomen,** die Pronomen
der **Propeller,** die Propeller → 3
der **Prophet,** die Propheten
Prosit [Prost]
der **Prospekt,** die Prospekte
der **Protest,** die Proteste
pro|tes|tan|tisch –
der Protestant
pro|tes|tie|ren,
du protestierst → 11

★ Du kannst auch so trennen: **Pro-blem**. ★

pr   **qu**

die **Pro|the|se,** die Prothesen
das **Pro|to|koll,** die Protokolle → 3
    pro|to|kol|lie|ren,
    du protokollierst → 3, 11
der **Pro|vi|ant**
das **Pro|zent,** die Prozente
der **Pro|zess,** die Prozesse → 8
die **Pro|zes|si|on,** die Prozessionen
    prü|fen, du prüfst
die **Prü|fung,** die Prüfungen
die **Prü|ge|lei,** die Prügeleien
    prü|geln, du prügelst
pu
die **Pu|ber|tät**
das **Pub|li|kum**
der **Pud|ding,**
    die Puddinge [Puddings]
der **Pu|del,** die Pudel
der **Pu|der,** die Puder
    pu|dern, du puderst
der **Puf|fer,** die Puffer → 2
der **Pul|li,** die Pullis → 3
der **Pull|over,** die Pullover → 3
der **Puls**
das **Pult,** die Pulte
das **Pul|ver,** die Pulver
die **Pum|pe,** die Pumpen
    pum|pen, du pumpst
der **Punkt,** die Punkte
    pünkt|lich
die **Pu|pil|le,** die Pupillen → 3

die **Pup|pe,** die Puppen → 6
pur
    pur|zeln, du purzelst
die **Pus|te** – pusten
    pus|ten, du pustest
    put|zen, du putzt → 10
    put|zig → 10
    puz|zeln, du puzzelst
das **Puz|zle,** die Puzzles
py
die **Py|ra|mi|de,** die Pyramiden

Qu

qu
der **Qua|der,** die Quader
das **Quad|rat,** die Quadrate
    quad|ra|tisch
der **Quai [Kai],** die Quais [Kais] → 17
    qua|ken, du quakst
die **Qual,** die Qualen
    quä|len, du quälst → 19
die **Qua|li|tät,** die Qualitäten
die **Qual|le,** die Quallen → 3
der **Qualm** – qualmen
    qual|men, es qualmt
der **Quark**

kw am Wortanfang wird **Qu** oder **qu** geschrieben.

das **Quar|tett,** die Quartette → 9
das **Quar|tier,** die Quartiere → 11
quas|seln, du quasselst → 8
der **Quatsch** – quatschen
quat|schen, du quatschst
das **Queck|sil|ber** → 1
die **Quel|le** – quellen → 3
quel|len, es quillt, es quoll
quen|geln, du quengelst
quer
quer|feld|ein
der **Quer|schnitt,**
die Querschnitte → 9
quet|schen, du quetschst
die **Quet|schung** – quetschen
quick|le|ben|dig → 1
quie|ken, du quiekst → 11
quiet|schen,
du quietschst → 11
quietsch|ver|gnügt → 11
es **quillt** – quellen → 3
der **Quirl** – quirlen
quir|len – du quirlst
quir|lig
quitt → 9
quit|tie|ren, du quittierst → 9, 11
die **Quit|tung,** die Quittungen → 9
das **Quiz** (die Quizfrage)
es **quoll** – quellen → 3
die **Quo|te** (Anteil, Menge)
der **Quo|ti|ent,** die Quotienten

R

ra
der **Ra|batt** → 9
der **Ra|be,** die Raben
die **Ra|che** – rächen
der **Ra|chen,** die Rachen
sich **rä|chen,** du rächst dich → 19
das **Rad,** die Räder → 22
der [das] **Ra|dar**
der **Ra|dau**
der **Rad|fah|rer** – Rad fahren → 12
die **Rad|fah|re|rin** → 12
ra|die|ren, du radierst → 11
der **Ra|dier|gum|mi** → 11, 4
das **Ra|dies|chen,**
die Radieschen → 11
ra|di|kal
das **Ra|dio,** die Radios
raf|fen, er rafft → 2
raf|fi|niert
der **Rahm** → 12
der **Rah|men,** die Rahmen → 12
die **Ra|ke|te,** die Raketen
die **Ral|lye,** die Rallyes → 3
der **Ra|ma|dan**
ram|men, du rammst → 4
die **Ram|pe,** die Rampen
der **Rand,** die Ränder → 22

 Beim verlängerten Wort hörst du das **d** deutlich.

der **Rang,** die Ränge
  er **rang** – ringen
    ran|gie|ren, du rangierst → 11
  es **rann** – rinnen → 5
  er **rann|te** – rennen → 5
der **Ran|zen,** die Ranzen
    ran|zig
der **Rap|pe,** die Rappen → 6
der **Raps**
    rar
    ra|sant
    rasch
    ra|scheln, es raschelt
der **Ra|sen** (Rasenmäher)
    ra|sen, du rast
sich **ra|sie|ren,** du rasierst dich → 11
die **Ras|se,** die Rassen → 8
die **Ras|sel,** die Rasseln → 8
    ras|seln, du rasselst → 8
die **Rast** – rasten
    ras|ten, du rastest
die **Rast|stät|te,**
    die Raststätten → 9
der **Rat** – raten
die **Ra|te** (Ratenzahlung)
    ra|ten, du rätst, er riet
die **Ra|ten|zah|lung** → 12
das **Rät|sel,** die Rätsel → 19 ✸
  du **rätst** – raten → 19 ✸
die **Rat|te,** die Ratten → 9
    rat|tern, es rattert → 9

    rau
der **Raub** – rauben → 21
    rau|ben, er raubt
der **Räu|ber** – rauben → 20
der **Rauch** – rauchen
    rau|chen, du rauchst
    räu|chern, du räucherst → 20
    rau|fen, du raufst
die **Rau|fe|rei,** die Raufereien
der **Raum,** die Räume
    räu|men, du räumst → 20
die **Rau|pe,** die Raupen
der **Rau|reif**
    raus
der **Rausch**
    rau|schen, es rauscht
sich **räus|pern,**
    du räusperst dich
die **Raz|zia,** die Razzien
    re
    re|agie|ren,
    du reagierst → 11
die **Re|ak|ti|on,** die Reaktionen
die **Re|al|schu|le**
die **Re|be,** die Reben
der **Re|chen,** die Rechen
    re|chen, du rechst
    (Laub rechen)
    rech|nen, du rechnest
der **Rech|ner,** die Rechner
die **Rech|nung** – rechnen

✸ Denke an das verwandte Wort mit **a**. ✸

das **Recht,** die Rechte
  (Recht haben)
  recht, es ist mir recht
das **Recht|eck** – rechteckig → 1
  rechts
der **Rechts|an|walt,**
  die Rechtsanwälte
die **Rechts|an|wäl|tin**
  recht|zei|tig
das **Reck,** die Recke → 1
sich **re|cken,** du reckst dich → 1
das **Re|cyc|ling** – recyceln
die **Re|de** – reden
  re|den, du redest
die **Re|form,** die Reformen
das **Re|gal,** die Regale
die **Re|gel,** die Regeln
  re|gel|mä|ßig → 16
  re|geln, du regelst
der **Re|gen** – regnen ✦
sich **re|gen,** du regst dich
der **Re|gen|schau|er,**
  die Regenschauer ✦
  re|gie|ren, er regiert → 11
die **Re|gie|rung,**
  die Regierungen → 11
  reg|nen, es regnet ✦
  reg|ne|risch ✦
das **Reh,** die Rehe
  rei|ben, du reibst, er rieb
die **Rei|bung** – reiben

reich
rei|chen, es reicht
reich|lich
der **Reich|tum,** die Reichtümer
  reif (reifes Obst)
der **Reif** (Raureif)
der **Rei|fen,** die Reifen
die **Rei|he,** die Reihen
der **Reim,** die Reime
  rei|men, du reimst
  rein
  rei|ni|gen, du reinigst
die **Rei|ni|gung** – reinigen
der **Reis**
die **Rei|se** – reisen
  rei|sen, du reist
  (nach Italien reisen)
das **Rei|sig**
  rei|ßen, du reißt, er riss
  (etwas auseinander reißen) → 16
der **Reiß|ver|schluss,**
  die Reißverschlüsse → 16, 8
  rei|ten, du reitest, er ritt
der **Rei|ter** – reiten
die **Rei|te|rin**
der **Reiz,** die Reize
  rei|zen, du reizt
  rei|zend
die **Re|kla|me,** die Reklamen
der **Re|kord,** die Rekorde → 22
der **Rek|tor,** die Rektoren

✦ Denke an den gemeinsamen Wortstamm. ✦

die **Rek|to|rin,** die Rektorinnen
re|la|tiv
die **Re|li|gi|on,** die Religionen
rem|peln, du rempelst
ren|nen, du rennst, er rannte
re|no|vie|ren, du renovierst → 11
die **Ren|te,** die Renten
sich **ren|tie|ren,** es rentiert sich → 11
der **Rent|ner,** die Rentner
die **Rent|ne|rin,** die Rentnerinnen
die **Re|pa|ra|tur,** die Reparaturen
re|pa|rie|ren, du reparierst → 11
die **Re|por|ta|ge,** die Reportagen
der **Re|por|ter,** die Reporter
die **Re|por|te|rin**
das **Rep|til,** die Reptilien
die **Re|pub|lik,** die Republiken
re|ser|vie|ren, du reservierst → 11
der **Res|pekt**
der **Rest,** die Reste
das **Res|tau|rant,** die Restaurants
ret|ten, du rettest → 9
der **Ret|ter,** die Retter → 9
der **Ret|tich,** die Rettiche → 9
die **Ret|tung** – retten → 9
die **Reue** → 18
das **Re|vier,** die Reviere → 11
der **Re|vol|ver,** die Revolver
das **Re|zept,** die Rezepte
rh
der **Rha|bar|ber** (Rhabarberkuchen)

der **Rhein**
Rhein|land-Pfalz –
rheinland-pfälzisch
rhyth|misch
der **Rhyth|mus,** die Rhythmen
ri
rich|ten, du richtest
der **Rich|ter**
die **Rich|te|rin**
rich|tig
die **Rich|tung,** die Richtungen
er **rieb** – reiben → 11
rie|chen, du riechst, er roch → 11
er **rief** – rufen → 11
der **Rie|gel,** die Riegel → 11
der **Rie|men,** die Riemen → 11
der **Rie|se,** die Riesen → 11
rie|seln, es rieselt → 11
rie|sig (ein riesiger Ballon) → 11
er **riet** – raten → 11
die **Ril|le,** die Rillen → 3
das **Rind,** die Rinder → 22
die **Rin|de,** die Rinden
der **Ring,** die Ringe
rin|gen, du ringst, er rang
rings|he|rum
die **Rin|ne** – rinnen → 5
rin|nen, es rinnt, es rann → 5
die **Rip|pe,** die Rippen → 6
das **Ri|si|ko,** die Risiken [Risikos]
ris|kie|ren, du riskierst → 11

Auch so kannst du trennen: **rings-her-um**.

der **Riss,** die Risse → 8
  er **riss** – reißen → 8
    ris|sig (rissige Haut) → 8 ⭐
der **Ritt,** die Ritte → 9
  er **ritt** – reiten → 9
der **Rit|ter,** die Ritter → 9
die **Rit|ze** – ritzen → 10
  ro
die **Rob|be,** die Robben
der **Ro|bo|ter,** die Roboter
  ro|bust
  er **roch** – riechen
  rö|cheln, du röchelst
der **Rock,** die Röcke → 1
der **Ro|del** – rodeln
  ro|deln, du rodelst
der **Rog|gen**
  roh
das **Rohr,** die Rohre → 14
die **Röh|re,** die Röhren
die **Rol|le** – die Rollen → 3
  rol|len, du rollst → 3
der **Rol|ler,** die Roller → 3
die **Rol|ler|blades** → 3
die **Rol|ler|skates** → 3
das **Rol|lo,** die Rollos → 3
der **Ro|man,** die Romane
  ro|man|tisch
  rönt|gen, er wird geröntgt
  ro|sa
die **Ro|se,** die Rosen

  ro|sig ⭐
die **Ro|si|ne,** die Rosinen
das **Ross,** die Rosse → 8
der **Rost** – rosten
  ros|ten, es rostet
  rös|ten, du röstest
  ros|tig ⭐
  rot – rötlich
das **Ro|te Kreuz**
der **Row|dy,** die Rowdys
  ru
  rub|beln, du rubbelst
die **Rü|be,** die Rüben
der **Ruck,** die Rucke → 1
der **Rü|cken,** die Rücken → 1
  rü|cken, du rückst → 1
die **Rück|kehr** → 1, 13
die **Rück|sicht,** die Rücksichten → 1
  rück|sichts|los → 1
die **Rück|tritt|brem|se** → 1, 9
  rück|wärts → 1
das **Ru|del,** die Rudel
das **Ru|der,** die Ruder
  ru|dern, du ruderst
der **Ruf,** die Rufe
  ru|fen, du rufst, er rief
die **Rü|ge,** die Rügen
die **Ru|he** – ruhen
  ru|hig ⭐
der **Ruhm** – rühmen → 15
  rüh|ren, du rührst

⭐ **-ig** ist eine Nachsilbe für Wiewörter (Adjektive). ⭐

ru  sa

die **Ru|ine,** die Ruinen
Ru|mä|ni|en – rumänisch
der **Rum|mel|platz** → 4, 10
rümp|fen, du rümpfst
rund → 22
die **Run|de,** die Runden
der **Rund|funk**
run|zeln, du runzelst ✶
runz|lig ✶
der **Rü|pel,** die Rüpel
rup|fen, du rupfst
der **Ruß** → 16
der **Rüs|sel,** die Rüssel → 8
ru|ßig → 16
Russ|land – russisch → 8
rüs|tig
die **Rüs|tung** – rüsten
die **Ru|te,** die Ruten
rut|schen, du rutschst
rüt|teln, du rüttelst → 9

S

sa

der **Saal,** die Säle → 12
die **Saa|le**
Saar|land – saarländisch
die **Saat,** die Saaten → 12

die **Sa|che,** die Sachen
sach|lich – die Sachkunde
säch|lich – die Sache → 19
Sach|sen – sächsisch
Sach|sen-An|halt –
sachsen-anhaltinisch
der **Sack,** die Säcke → 1
sä|en, du säst – die Saat
der **Saft,** die Säfte
saf|tig
die **Sa|ge** – sagen
die **Sä|ge** – sägen
sa|gen, du sagst
sä|gen, du sägst
sa|gen|haft
er **sah** – sehen
die **Sah|ne** – sahnig → 12
die **Sai|son** (Hochsaison)
die **Sai|te** (Gitarrensaite) → 17
das **Sa|kra|ment**
der **Sa|la|man|der,** die Salamander
die **Sa|la|mi**
der **Sa|lat,** die Salate
die **Sal|be** – salben
der **Sal|to,** die Saltos [Salti]
das **Salz** – salzen ✶
sal|zen, du salzt ✶
sal|zig ✶
der **Sa|me[n],** die Samen
sam|meln, du sammelst → 4
die **Samm|lung** – sammeln → 4

✶ Nach Mitlauten steht nur **z**, nie **tz**. ✶

sa    scha

der **Samstag,** am Samstag
samstags
sämtliche
das **Sanatorium,** die Sanatorien
der **Sand** → 22
die **Sandale,** die Sandalen
sandig
er **sandte** – senden
das [der] **Sandwich,**
die Sandwich[e]s
sanft
er **sang** – singen
der **Sänger** – singen → 19
die **Sängerin** → 19
der **Sanitäter,** die Sanitäter
die **Sanitäterin**
es **sank** – sinken
der **Sarg,** die Särge → 23
er **saß** – sitzen → 16
der **Satellit,** die Satelliten
satt, am sattesten → 9
der **Sattel** – satteln → 9
der **Satz,** die Sätze → 10
die **Satzaussage** → 10
der **Satzgegenstand** → 10
die **Sau,** die Säue [Sauen]
sauber
sauer
säuerlich – sauer → 20 ✦
der **Sauerstoff** → 2
saufen, es säuft, es soff

es **säuft** – saufen → 20 ✦
saugen, du saugst, er sog
das **Säugetier** – saugen → 20 ✦
der **Säugling,** die Säuglinge → 20 ✦
die **Säule,** die Säulen
der **Saum,** die Säume
die **Sauna,** die Saunas [Saunen]
die **Säure,** die Säuren → 20 ✦
der **Saurier,** die Saurier
sausen, du saust
sb
die **S-Bahn** (Schnellbahn) → 12
sc
der **Scanner,** die Scanner → 5
scha
schaben, du schabst
schäbig
die **Schablone,** die Schablonen
das **Schach**
der **Schacht,** die Schächte
die **Schachtel,** die Schachteln
schade
der **Schädel,** die Schädel
der **Schaden,** die Schäden
schaden, du schadest
schädlich – der Schaden → 19
der **Schädling** – schaden → 19
das **Schaf,** die Schafe
der **Schäfer,** die Schäfer → 19
schaffen, du schaffst → 2
der **Schaffner,** die Schaffner → 2

✦ Denke an das verwandte Wort mit **au**. ✦

scha   scheu

die **Schaff|ne|rin** → 2
der **Schal**, die Schals
die **Scha|le** – schälen
    schä|len, du schälst → 19 ★
der **Schall** – schallen → 3
    schal|len, es schallt → 3
die **Schall|plat|te,**
    die Schallplatten → 3, 9
    schal|ten, du schaltest
der **Schal|ter,** die Schalter
die **Schal|tung** – schalten
sich **schä|men,** du schämst dich ★
die **Schan|de**
die **Schan|ze,** die Schanzen
die **Schar,** die Scharen
    scharf, schärfer, am schärfsten
die **Schär|fe** – scharf → 19 ★
    schär|fer, am schärfsten –
    scharf → 19 ★
der **Schar|lach**
    schar|ren, es scharrt → 7
das **Schasch|lik,** die Schaschliks
der **Schat|ten,** die Schatten → 9
    schat|tig → 9
der **Schatz,** die Schätze → 10
    schät|zen, du schätzt → 19, 10 ★
die **Schau** – schauen
    schau|en, du schaust
der **Schau|er**
die **Schau|fel,** die Schaufeln
    schau|feln, du schaufelst

die **Schau|kel,** die Schaukeln
    schau|keln, du schaukelst
der **Schaum** – schäumen
    schäu|men, es schäumt → 20
    schau|rig
der **Schau|spie|ler,** die Schauspieler
die **Schau|spie|le|rin** → 11

sche

der **Scheck,** die Schecks → 1
die **Schei|be,** die Scheiben
die **Schei|de,** die Scheiden
sich **schei|den** lassen,
    du lässt dich scheiden
die **Schei|dung** – scheiden
der **Schein**
    schein|bar
    schei|nen, es scheint, es schien
der **Schei|tel,** die Scheitel
    schel|len, du schellst → 3
der **Sche|mel,** die Schemel
der **Schen|kel,** die Schenkel
    schen|ken, du schenkst
die **Scher|be,** die Scherben
die **Sche|re,** die Scheren
der **Scherz** – scherzen
    scher|zen, du scherzt
die **Scheu** → 18
    scheu → 18
    scheu|ern, du scheuerst → 18
die **Scheu|ne,** die Scheunen → 18
    scheuß|lich → 18, 16

★ Denke an das verwandte Wort mit **a**. ★

schi

schi

der **Schi** → Ski
die **Schicht,** die Schichten
   schick [chic]
   schi|cken, du schickst → 1
das **Schick|sal,** die Schicksale → 1
   schie|ben, du schiebst,
   er schob → 11
die **Schie|bung** → 11
der **Schieds|rich|ter** → 11
   schief (ein schiefer Turm) → 11
   schie|len, du schielst → 11
   es **schien** – scheinen → 11
das **Schien|bein** → 11
die **Schie|ne,** die Schienen → 11
   schie|ßen, du schießt, er schoss
das **Schiff,** die Schiffe → 2
die **Schiff|fahrt** → 2, 12 ★
   schi|ka|nie|ren,
   du schikanierst → 11
das **Schild,** die Schilder → 22
   schil|dern, du schilderst
die **Schild|krö|te,** die Schildkröten
das **Schilf**
   schil|lern, es schillert → 3
der **Schim|mel** → 4
   schim|me|lig [schimm|lig] → 4
der **Schim|mer** – schimmern → 4
   schim|mern, es schimmert → 4
der **Schim|pan|se,**
   die Schimpansen

schl

schimp|fen, du schimpfst
der **Schin|ken,** die Schinken
die **Schip|pe,** die Schippen → 6
der **Schirm,** die Schirme

schl

schlach|ten, du schlachtest
der **Schlach|ter** – schlachten
die **Schlach|te|rei** – schlachten
der **Schlaf** – schlafen
die **Schlä|fe,** die Schläfen
schla|fen, du schläfst,
   er schlief
schlaff → 2
schläf|rig – schlafen → 19
du **schläfst** – schlafen → 19
der **Schlag,** die Schläge → 23
schla|gen, du schlägst,
   er schlug
der **Schla|ger,** die Schlager
die **Schlä|ge|rei** → 19
du **schlägst** – schlagen → 19
der **Schlamm** → 4
schlam|mig → 4
die **Schlam|pe|rei**
schlam|pig
er **schlang** – schlingen
die **Schlan|ge** – sich schlängeln
schlank
schlapp → 6
das **Schla|raf|fen|land** → 2
schlau

★ **fff** entsteht hier durch Zusammensetzen. ★

der **Schlauch,** die Schläuche
die **Schlau|fe,** die Schlaufen
schlecht – am schlechtesten
schle|cken, du schleckst → 1
schlei|chen, du schleichst,
er schlich
der **Schlei|er,** die Schleier
schlei|er|haft ★
die **Schlei|fe,** die Schleifen
schlei|fen, du schleifst, er schliff
der **Schleim** – schleimig
schlen|dern, du schlenderst
schlep|pen, du schleppst → 6
der **Schlep|per** – schleppen → 6
Schles|wig-Hol|stein –
schleswig-holsteinisch
die **Schleu|der,**
die Schleudern → 18
schleu|dern,
du schleuderst → 18
schleu|nigst → 18
die **Schleu|se** – schleusen → 18
er **schlich** – schleichen
schlicht
schlich|ten, du schlichtest
er **schlief** – schlafen → 11
schlie|ßen, du schließt,
er schloss → 11, 16
schließ|lich → 11, 16
er **schliff** – schleifen → 2
schlimm → 4

schlin|gen, du schlingst,
er schlang
die **Schling|pflan|ze**
der **Schlit|ten,** die Schlitten → 9
schlit|tern, du schlitterst → 9
der **Schlitt|schuh,**
die Schlittschuhe → 9
der **Schlitz,** die Schlitze → 10
das **Schloss,** die Schlösser → 8
er **schloss** – schließen → 8
der **Schlos|ser,** die Schlosser → 8
die **Schlos|se|rei** → 8
der **Schlot,** die Schlote
schlot|tern, du schlotterst → 9
die **Schlucht,** die Schluchten
schluch|zen, du schluchzt
der **Schluck** – schlucken → 1
der **Schluck|auf** → 1
schlu|cken, du schluckst → 1
er **schlug** – schlagen → 23
schlum|mern,
du schlummerst → 4
schlüp|fen, du schlüpfst
schlüpf|rig
schlur|fen, du schlurfst
schlür|fen, du schlürfst
der **Schluss,** die Schlüsse → 8
der **Schlüs|sel,** die Schlüssel → 8
schm
schmäch|tig
schmack|haft – schmecken → 1 ★

★ **-haft** ist eine Nachsilbe für Wiewörter (Adjektive). ★

schm    schn

schmal
das **Schmalz** ⭐
schmat|zen, du schmatzt → 10
schme|cken, es schmeckt → 1
schmei|cheln, du schmeichelst
schmei|ßen, du schmeißt,
er schmiss → 16
schmel|zen, es schmilzt,
es schmolz ⭐
der **Schmerz,** die Schmerzen ⭐
schmerz|haft ⭐
der **Schmet|ter|ling,**
die Schmetterlinge → 9
der **Schmied,** die Schmiede → 11
schmie|ren, du schmierst → 11
der **Schmier|fink** – schmieren → 11
schmie|rig → 11
es **schmilzt** – schmelzen ⭐
die **Schmin|ke** – schminken
sich **schmin|ken,** du schminkst dich
er **schmiss** – schmeißen → 8
schmö|kern, du schmökerst
schmol|len, du schmollst → 3
es **schmolz** – schmelzen ⭐
schmo|ren, es schmort
der **Schmuck** – schmücken → 1
[sich] **schmü|cken,**
du schmückst [dich] → 1
der **Schmugg|ler** – schmuggeln
schmun|zeln, du schmunzelst ⭐
schmu|sen, du schmust

der **Schmutz** → 10
schmut|zig → 10
schn
der **Schna|bel,** die Schnäbel
die **Schna|ke,** die Schnaken
die **Schnal|le,** die Schnallen → 3
schnal|zen, du schnalzt ⭐
schnap|pen, du schnappst → 6
der **Schnaps,** die Schnäpse
schnar|chen, du schnarchst
schnat|tern, du schnatterst → 9
schnau|ben, du schnaubst
schnau|fen, du schnaufst
die **Schnau|ze,** die Schnauzen
sich **schnäu|zen,** du schnäuzt dich
die **Schne|cke,** die Schnecken → 1
der **Schnee** → 13
schnei|den, du schneidest,
er schnitt
der **Schnei|der,** die Schneider
die **Schnei|de|rin**
schnei|en, es schneit
schnell → 3
die **Schnel|lig|keit** → 3
schnip|peln,
du schnippelst → 6
der **Schnitt,** die Schnitte → 9
er **schnitt** – schneiden → 9
der **Schnitt|lauch** → 9
das **Schnit|zel,** die Schnitzel → 10
schnit|zen, du schnitzt → 10

⭐ Nach Mitlauten steht nur **z**, nie **tz**. ⭐

schn   **schr**

der **Schnor|chel** – schnorcheln
schnüf|feln, du schnüffelst → 2
der **Schnul|ler,** die Schnuller → 3
der **Schnup|fen**
schnup|pern, du schnupperst
die **Schnur,** die Schnüre
schnü|ren, du schnürst
der **Schnurr|bart,**
die Schnurrbärte → 7
schnur|ren, sie schnurrt → 7
der **Schnür|sen|kel,**
die Schnürsenkel
scho
er **schob** – schieben
der **Schock** → 1
die **Scho|ko|la|de**
schon
schön, etwas Schönes
scho|nen, du schonst
die **Schön|heit** ★
die **Scho|nung** – schonen ★
der **Schopf,** die Schöpfe
schöp|fen, du schöpfst
der **Schöp|fer** – schöpfen
der **Schorn|stein,** die Schornsteine
der **Schorn|stein|fe|ger**
der **Schoß,** die Schöße → 16
er **schoss** – schießen → 8
der **Schot|ter** → 9
schr
schräg

die **Schram|me,**
die Schrammen → 4
der **Schrank,** die Schränke
die **Schran|ke,** die Schranken
die **Schrau|be,** die Schrauben
schrau|ben, du schraubst
der **Schreck [Schre|cken],**
die Schrecken → 1
schreck|lich → 1
der **Schrei,** die Schreie
schrei|ben, du schreibst,
er schrieb
schrei|en, du schreist,
er schrie
der **Schrei|ner,** die Schreiner
die **Schrei|ne|rei,** die Schreinereien
die **Schrei|ne|rin**
schrei|ten, du schreitest,
er schritt
er **schrie** – schreien → 11
er **schrieb** – schreiben → 11
die **Schrift,** die Schriften
schrift|lich
der **Schrift|stel|ler,**
die Schriftsteller → 3
die **Schrift|stel|le|rin** → 3
schrill → 3
der **Schritt** – schreiten → 9
er **schritt** – schreiten → 9
schroff → 2
der **Schrott** (Schrottplatz) → 9

★ **-ung** und **-heit** sind Nachsilben für Namenwörter (Nomen). ★

schr   schw

schrub|ben, du schrubbst
der **Schrub|ber** – schrubben
schrump|fen, es schrumpft
schu
das **Schub|fach,** die Schubfächer
die **Schub|kar|re,**
    die Schubkarren → 7
die **Schub|la|de,** die Schubladen
der **Schubs,** die Schubse
    schub|sen, du schubst
    schüch|tern
der **Schuft**
der **Schuh,** die Schuhe
die **Schuld,** die Schulden → 22
    schul|den, du schuldest
    schul|dig
die **Schu|le,** die Schulen
der **Schü|ler,** die Schüler
die **Schü|le|rin,** die Schülerinnen
die **Schul|ter,** die Schultern
    schum|meln,
    du schummelst → 4
die **Schup|pe,** die Schuppen → 6
der **Schup|pen,** die Schuppen → 6
    schü|ren, du schürst
die **Schür|ze,** die Schürzen ✶
der **Schuss,** die Schüsse → 8
die **Schüs|sel,** die Schüsseln → 8
    schus|se|lig → 8
der **Schus|ter,** die Schuster
der **Schutt** → 9

schüt|teln, du schüttelst → 9
schüt|ten, du schüttest → 9
der **Schutz** → 10
der **Schüt|ze,** die Schützen → 10
schüt|zen, du schützt → 10
schw
Schwa|ben – schwäbisch
schwach, schwächer,
am schwächsten
die **Schwä|che** – schwach → 19
schwä|cher, am schwächsten –
schwach → 19
schwäch|lich – schwach → 19
der **Schwa|ger,** die Schwäger
die **Schwä|ge|rin,**
    die Schwägerinnen → 19
die **Schwal|be,** die Schwalben
der **Schwamm,** die Schwämme → 4
er **schwamm** – schwimmen → 4
der **Schwan,** die Schwäne
er **schwang** – schwingen
schwan|ger
die **Schwan|ger|schaft**
schwan|ken, du schwankst
der **Schwanz,** die Schwänze ✶
schwän|zen, du schwänzt ✶
der **Schwarm,** die Schwärme
schwär|men,
du schwärmst → 19
schwarz ✶
schwat|zen, du schwatzt → 10

✶ Nach Mitlauten steht nur **z**, nie **tz**. ✶

schw   sei

schwät|zen, du schwätzt
schwe|ben, du schwebst
Schwe|den – schwedisch
schwei|gen, du schweigst,
er schwieg
schweig|sam ✦
das Schwein, die Schweine
der Schweiß → 16
schwei|ßen, er schweißt → 16
die Schweiz – schweizerisch
die Schwel|le, die Schwellen → 3
schwel|len, es schwillt,
es schwoll → 3
die Schwel|lung – schwellen → 3
schwen|ken, du schwenkst
schwer
schwer|fäl|lig → 19, 3 ✦
schwer|hö|rig ✦
das Schwert, die Schwerter
die Schwes|ter, die Schwestern
er schwieg – schweigen → 11
schwie|rig → 11 ✦
die Schwie|rig|keit,
die Schwierigkeiten → 11
es schwillt – schwellen → 3
schwim|men, du schwimmst,
er schwamm → 4
der Schwim|mer → 4
die Schwim|me|rin → 4
der Schwin|del
schwin|de|lig [schwind|lig] ✦

schwin|deln, du schwindelst
der Schwind|ler, die Schwindler
schwin|gen, du schwingst,
er schwang
schwir|ren, du schwirrst → 7
schwit|zen, du schwitzt → 10
es schwoll – schwellen → 3
er schwor – schwören
schwö|ren, du schwörst,
er schwor
schwül
die Schwü|le
der Schwung, die Schwünge

se

sechs, sechsmal
sech|zehn → 13
sech|zig
der See, die Seen → 13
die See|le, die Seelen → 13
das Se|gel, die Segel
se|geln, du segelst
der Se|gen – segnen
se|hen, du siehst, er sah
die Seh|ne, die Sehnen → 13
sich seh|nen, du sehnst dich → 13
die Sehn|sucht → 13
sehr → 13
seicht
seid (ihr seid fröhlich) – sein
die Sei|de (das Seidenkleid)
die Sei|fe, die Seifen

 -ig und -sam sind Nachsilben für Wiewörter (Adjektive). ✦

das **Seil,** die Seile
sein, du bist, er war
sein, seine, seiner
seit (seit heute)
seit|dem
die **Seite,** die Seiten (Buchseite)
seit|wärts
der **Se|kre|tär,** die Sekretäre
das **Sek|re|ta|ri|at**
die **Sek|re|tä|rin,** die Sekretärinnen
der **Sekt**
die **Sek|te,** die Sekten
die **Se|kun|de,** die Sekunden
se|kun|den|lang
sel|ber
selbst
der **Selbst|laut,** die Selbstlaute
selb[st]|stän|dig → 19
die **Selb[st]|stän|dig|keit** → 19
der **Selbst|be|die|nungs|la|den**
selbst|ver|ständ|lich
se|lig
sel|ten
die **Sel|ten|heit**
das **Sel|ter[s]|was|ser** → 8
selt|sam
die **Sem|mel,** die Semmeln → 4
sen|den, du sendest, er sandte
der **Sen|der** – senden
die **Sen|dung** – senden
der **Senf**

sen|ken, du senkst
(den Blick senken)
senk|recht
die **Senk|rech|te,** die Senkrechten
die **Sen|sa|ti|on,** die Sensationen
sen|sa|ti|o|nell → 3
die **Sen|se,** die Sensen
der **Sep|tem|ber**
die **Se|rie,** die Serien
die **Ser|pen|ti|ne,** die Serpentinen
der **Service**
ser|vie|ren, du servierst → 11
die **Ser|vi|et|te,** die Servietten → 9
der **Ses|sel,** die Sessel → 8
sich **set|zen,** du setzt dich → 10
die **Seu|che,** die Seuchen → 18
seuf|zen, du seufzt → 18
der **Seuf|zer** – seufzen → 18
sh
das **Sham|po[o],** die Shampo[o]s ✱
der **She|riff,** die Sheriffs ✱
das **Shirt,** die Shirts ✱
die **Shorts** (kurze Hose) ✱
die **Show,** die Shows ✱
si
sich
die **Si|chel,** die Sicheln
si|cher
die **Si|cher|heit**
die **Si|che|rung** – sichern
die **Sicht** – sehen

✱ Diese Wörter aus anderen Sprachen werden mit **Sh** geschrieben. ✱

sicht|bar
sie
das **Sieb** – sieben → 11, 21
    sie|ben, du siebst → 11
    sie|ben, siebenmal
    sieb|zehn → 11
    sieb|zig → 11
die **Sied|lung** – siedeln → 11
der **Sieg** – siegen → 11, 23
    sie|gen, du siegst → 11
du **siehst** – sehen → 11
das **Sig|nal,** die Signale
die **Sil|be,** die Silben
das **Sil|ber** – silbern
    sil|be|rig [silb|rig]
das **Si|lo,** die Silos
    Sil|ves|ter
sie **sind,** sie waren – sein
    sin|gen, du singst, er sang
    (ein Lied singen)
der **Sin|gu|lar**
    sin|ken, es sinkt, es sank
    (ein Schiff sinkt)
der **Sinn,** die Sinne → 5
    sinn|los → 5
die **Sint|flut**
die **Si|re|ne,** die Sirenen
der **Si|rup**
die **Sit|te,** die Sitten → 9
die **Si|tu|a|tion,** die Situationen
der **Sitz,** die Sitze → 10 ✶
    sit|zen, du sitzt, er saß → 10 ✶
die **Sit|zung** – sitzen → 10 ✶
sk
die **Ska|la,** die Skalen
der **Skan|dal,** die Skandale
das **Skate|board,** die Skateboards
das **Ske|lett,** die Skelette → 9
der **Sketsch** [Sketch], die Sketsche
der **Ski** [Schi], die Skier [Schier]
die **Skiz|ze** – skizzieren
der **Skla|ve,** die Sklaven
die **Skla|vin**
sl
der **Sla|lom**
der **Slip,** die Slips
die **Slo|wa|kei** – slowakisch
sm
der **Smog** (Smogalarm)
sn
das **Snow|board,** die Snowboards
so
so
die **So|cke** [der Socken],
    die Socken → 1
    so|dass [so dass]
das **So|fa,** die Sofas
es **soff** – saufen
    so|fort
das **Soft|eis**
die **Soft|ware**
er **sog** – saugen → 23

✶ Denke an den gemeinsamen Wortstamm. ✶

so sogar
die **Soh|le** – besohlen → 14
der **Sohn,** die Söhne → 14
sol|che, solcher, solches
der **Sol|dat,** die Soldaten
die **So|le** (das Salzwasser)
sol|len, du sollst → 3
das **So|lo,** die Soli [Solos]
der **Som|mer** → 4
das **Son|der|an|ge|bot,**
 die Sonderangebote
son|der|bar
die **Son|der|fahrt** → 12
son|dern
der **Sonn|abend** → 5, 22
sonn|abends → 5
die **Son|ne** – sich sonnen → 5
son|nig – sich sonnen → 5
der **Sonn|tag,** am Sonntag → 5
sonn|tags → 5
sonst
so|oft
die **Sor|ge** – sorgen
sor|gen, du sorgst
die **Sorg|falt**
sorg|fäl|tig → 19
die **Sor|te,** die Sorten
sor|tie|ren, du sortierst → 11
die **So|ße,** die Soßen → 16
der **Sound**
so|wie|so

so|wohl → 14
so|zi|al
spa
die **Spa|get|ti** [Spaghetti] → 9
spä|hen, du spähst
der **Spalt** – spalten
der **Span,** die Späne
die **Span|ge,** die Spangen
Spa|ni|en – spanisch
er **spann** – spinnen → 5
span|nen, du spannst → 5
span|nend → 5
die **Span|nung** → 5
spa|ren, du sparst
der **Spar|gel,** die Spargel
spar|sam
der **Spaß,** die Späße → 16
spa|ßen, du spaßt → 16
spa|ßig – spaßen → 16
spät – am spätesten
der **Spa|ten,** die Spaten
spä|tes|tens
der **Spatz,** die Spatzen → 10
spa|zie|ren, du spazierst
 (spazieren gehen) → 11
der **Spa|zier|gang** → 11
spe
der **Specht,** die Spechte
der **Speck** → 1
spe|ckig → 1
der **Speer,** die Speere → 13

 Denke an den gemeinsamen Wortstamm.

die **Spei|che,** die Speichen
der **Spei|chel**
der **Spei|cher** – speichern
    spei|en, du speist, er spie
die **Spei|se,** die Speisen
    spei|sen, du speist
der **Spek|ta|kel** (Lärm)
die **Spen|de** – spenden
    spen|den, du spendest
der **Sper|ling,** die Sperlinge
die **Sper|re** – sperren → 7
    sper|ren, du sperrst → 7
sich **spe|zia|li|sie|ren** → 11
der **Spe|zia|list,** die Spezialisten
die **Spe|zia|lis|tin**
die **Spe|zia|li|tät,** die Spezialitäten
    spe|zi|ell → 3
    spi
    spi|cken, du spickst → 1
der **Spick|zet|tel** → 1, 9
  er **spie** – speien → 11
der **Spie|gel** – spiegeln → 11
    spie|geln, du spiegelst → 11
das **Spiel** – spielen → 11
    spie|len, du spielst → 11
der **Spieß** – spießen → 11, 16
der **Spi|nat**
die **Spin|ne** – spinnen → 5
    spin|nen, du spinnst → 5
der **Spi|on,** die Spione
die **Spi|o|nin,** die Spioninnen

spi|o|nie|ren,
du spionierst → 11
die **Spi|ra|le,** die Spiralen
der **Spi|ri|tus**
    spitz – am spitzesten → 10 ✱
die **Spit|ze,** die Spitzen → 10 ✱
der **Spit|zel,** die Spitzel → 10 ✱
    spit|zen, du spitzt → 10 ✱
der **Spit|zer** – spitzen → 10 ✱
spl
der **Split|ter** – splittern → 9
spo
der **Sport** (Sport treiben)
der **Sport|ler,** die Sportler
die **Sport|le|rin,** die Sportlerinnen
    sport|lich
der **Spot,** die Spots (Werbespot)
der **Spott** – verspotten → 9
    spot|ten, du spottest → 9
    spöt|tisch → 9
spr
er **sprach** – sprechen
die **Spra|che** – sprechen
    sprach|los
er **sprang** – springen
das **Spray,** die Sprays
    spre|chen, du sprichst,
er sprach
der **Spre|cher** – sprechen
die **Spre|che|rin**
    spren|gen, du sprengst

✱ Denke an den gemeinsamen Wortstamm. ✱

spr **sta**

du **sprichst** – sprechen
das **Sprich|wort** – sprechen
sprie|ßen, es sprießt,
es spross → 11, 16
sprin|gen, du springst, er sprang
der **Sprit**
die **Sprit|ze** – spritzen → 10
sprit|zen, du spritzt → 10
sprö|de (sprödes Material)
der **Spross** – sprießen → 8
es **spross** – sprießen → 8
die **Spros|se,** die Sprossen → 8
der **Spruch,** die Sprüche
der **Spru|del** – sprudeln
sprü|hen, du sprühst
der **Sprung,** die Sprünge
die **Sprung|schan|ze**
spu
die **Spu|cke** – spucken → 1
spu|cken, du spuckst → 1
der **Spuk**
spu|ken, es spukt
die **Spü|le** – spülen
spü|len, du spülst
die **Spur,** die Spuren
spü|ren, du spürst
spur|los
der **Spurt,** die Spurts
spur|ten, du spurtest
sta
der **Staat,** die Staaten → 12

staat|lich → 12
der **Stab,** die Stäbe → 21
sta|bil
er **stach** – stechen
der **Sta|chel,** die Stacheln
sta|che|lig [stach|lig]
der **Sta|del,** die Stadel
das **Sta|di|on,** die Stadien
die **Stadt,** die Städte ★
städ|tisch → 19 ★
der **Stadt|rat,** die Stadträte ★
die **Stadt|rä|tin** ★
die **Staf|fel,** die Staffeln → 2
der **Stahl** (hart wie Stahl) → 12
er **stahl** – stehlen → 12
der **Stall,** die Ställe (Kuhstall) → 3
der **Stamm,** die Stämme → 4
stam|meln, du stammelst → 4
stamp|fen, du stampfst
der **Stand,** die Stände → 22
er **stand** – stehen → 22
der **Stän|der,** die Ständer → 19
stän|dig
die **Stan|ge,** die Stangen
der **Stän|gel,** die Stängel → 19
es **stank** – stinken
der **Sta|pel,** die Stapel
sta|peln, du stapelst
stap|fen, du stapfst
der **Star,** die Stare (Vogel)
der **Star,** die Stars (Filmstar)

 Nur wenige Wörter werden mit **-dt** geschrieben, z.B.: gesandt, verwandt. ★

sta **sti**

er **starb** – sterben → 21
stark, stärker, am stärksten
die **Stärke** – sich stärken → 19
stärker, am stärksten – stark
starr (starr vor Schreck) → 7
starren, du starrst → 7
der **Start,** die Starts
starten, du startest
die **Station,** die Stationen
statt → 9
stattdessen → 9, 8
stattfinden, es findet statt, es fand statt → 9
stattlich → 9
die **Statue,** die Statuen
der **Stau** – stauen
der **Staub** → 21
stauben, es staubt
staubig
die **Staude,** die Stauden
sich **stauen** – es staut sich
staunen, du staunst
ste
das **Steak,** die Steaks
stechen, du stichst, er stach
stecken, du steckst → 1
der **Stecker** – stecken → 1
der **Steg,** die Stege → 23
stehen, du stehst, er stand
stehlen, du stiehlst, er stahl (Geld stehlen) → 13

steif
steigen, du steigst, er stieg
steigern, du steigerst
die **Steigung** – steigen
steil
der **Stein,** die Steine
steinig
die **Stelle** – stellen → 3
stellen, du stellst (aufstellen) → 3
die **Stellung,** die Stellungen → 3
die **Stelze,** die Stelzen
stemmen, du stemmst → 4
der **Stempel** – stempeln
stempeln, du stempelst
die **Steppe** → 6
sterben, du stirbst, er starb
die **Stereoanlage** – stereo hören
der **Stern,** die Sterne
die **Sternschnuppe** → 6
stets
das **Steuer** – steuern → 18
die **Steuer,** die Steuern (Steuern zahlen) → 18
sti
der **Stich** – stechen
du **stichst** – stechen
sticken, du stickst → 1
der **Sticker,** die Sticker → 1
stickig → 1
der **Stiefel,** die Stiefel → 11

 Wörter mit der Nachsilbe **-ig** sind Wiewörter (Adjektive).

die **Stief|el|tern** (die Stiefmutter, der Stiefvater) → 11
er **stieg** – steigen → 11, 23
du **stiehlst** – stehlen → 11
der **Stiel,** die Stiele (Besenstiel) → 11
der **Stier,** die Stiere → 11
er **stieß** – stoßen → 11, 16
der **Stift,** die Stifte
stif|ten, du stiftest
der **Stil,** die Stile (Baustil) ✱
still → 3
die **Stil|le** → 3
die **Stim|me,** die Stimmen → 4
stim|men, es stimmt → 4
die **Stim|mung,** die Stimmungen
stin|ken, es stinkt, es stank
du **stirbst** – sterben
die **Stirn** [Stir|ne] (das Stirnband)

sto
stö|bern, du stöberst
sto|chern, du stocherst
der **Stock,** die Stöcke → 1
das **Stock|werk,** die Stockwerke → 1
der **Stoff,** die Stoffe → 2
stöh|nen, du stöhnst
der **Stol|len,** die Stollen → 3
stol|pern, du stolperst
der **Stolz**
stolz
stol|zie|ren, du stolzierst → 11
stop (auf Verkehrsschildern)

stop|fen, du stopfst
der **Stopp,** die Stopps → 6
die **Stop|peln** → 6
stop|pen, du stoppst → 6
der **Stöp|sel,** die Stöpsel
der **Storch,** die Störche
stö|ren, du störst
stör|risch → 7
die **Stö|rung** – stören
die **Sto|ry,** die Storys
der **Stoß** – stoßen → 16
sto|ßen, du stößt, er stieß → 16
stot|tern, du stotterst → 9

str
straf|bar
die **Stra|fe** – strafen
stra|fen, du strafst
der **Strahl,** die Strahlen → 12
strah|len, du strahlst → 12
die **Sträh|ne** – strähnig
stramm → 4
stram|peln, du strampelst
der **Strand,** die Strände → 22
die **Stra|pa|ze,** die Strapazen
die **Stra|ße,** die Straßen → 16
sich **sträu|ben,** du sträubst dich
der **Strauch,** die Sträucher
der **Strauß,** die Sträuße (Blumenstrauß) → 16
der **Stre|ber** – strebsam
die **Stre|cke** – strecken → 1

✱ Es gibt nur wenige Wörter mit lang gesprochenem **i** ohne Dehnungszeichen. ✱

str **sty**

sich **stre|cken,** du streckst dich → 1
der **Street|ball** ✳
die **Street|work** ✳
der **Street|wor|ker,**
    die Streetworker ✳
die **Street|wor|ke|rin** ✳
der **Streich,** die Streiche
  strei|cheln, du streichelst
  strei|chen, du streichst, er strich
der **Streifen,** die Streifen
  strei|fen, du streifst
der **Streik** – streiken
der **Streit** – streiten
  strei|ten, du streitest, er stritt
die **Strei|te|rei,** die Streitereien
  streng
der **Stress** → 8
  streu|en, du streust → 18
  streu|nen, du streunst → 18
der **Strich,** die Striche
er **strich** – streichen
der **Strick,** die Stricke → 1
  stri|cken, du strickst → 1
er **stritt** – streiten → 9
das **Stroh** → 14
der **Strolch** – strolchen
der **Strom,** die Ströme
  strö|men, es strömt
die **Strö|mung** – strömen
die **Stro|phe,** die Strophen
der **Stru|del,** die Strudel

der **Strumpf,** die Strümpfe
  strup|pig → 6
der **Struw|wel|pe|ter**

stu

die **Stu|be,** die Stuben
das **Stück,** die Stücke → 1
der **Stu|dent,** die Studenten
die **Stu|den|tin,** die Studentinnen
  stu|die|ren, du studierst → 11
das **Stu|di|um,** die Studien
die **Stu|fe,** die Stufen
der **Stuhl,** die Stühle → 15
  stumm → 4
der **Stüm|per,** die Stümper
  stumpf
die **Stun|de,** die Stunden
  stünd|lich
  stur
der **Sturm,** die Stürme
  stür|men, es stürmt
der **Stür|mer,** die Stürmer
  stür|misch
der **Sturz,** die Stürze
  stür|zen, du stürzt
die **Stu|te,** die Stuten
die **Stüt|ze,** die Stützen → 10
  stut|zen, du stutzt → 10
  stüt|zen, du stützt → 10
  stut|zig – stutzen → 10

sty

das **Sty|ro|por**

✳ Diese Wörter sind mit dem englischen Wort **street** (Straße) zusammengesetzt. ✳

su

das **Sub|jekt,** die Subjekte
das **Sub|stan|tiv,** die Substantive
    sub|tra|hie|ren, du subtrahierst
die **Su|che** – suchen
    su|chen, du suchst
die **Sucht,** die Süchte
    süch|tig
der **Sü|den**
    süd|lich
die **Sum|me,** die Summen → 4
    sum|men, du summst → 4
der **Sumpf,** die Sümpfe
die **Sün|de,** die Sünden
    sün|di|gen, du sündigst
    su|per
der **Su|per|markt,** die Supermärkte
die **Sup|pe,** die Suppen → 6
    sur|fen, du surfst
    süß – am süßesten → 16
die **Süß|ig|keit** → 16
    süß|lich → 16

sw

das **Sweat|shirt,** die Sweatshirts
der **Swim|ming|pool**

sy

das **Sym|bol** – symbolisch
    sym|pa|thisch
das **Sys|tem** – systematisch

sz

die **Sze|ne** – szenisch

T

ta

der **Ta|bak**
die **Ta|bel|le,** die Tabellen → 3
das **Tab|lett,** die Tabletts → 9
die **Tab|let|te,** die Tabletten → 9
der **Ta|cho|me|ter,** die Tachometer
der **Ta|del** – tadeln
    ta|del|los
die **Ta|fel,** die Tafeln
der **Tag,** die Tage → 23
    ta|ge|lang
    täg|lich → 19 ★
der **Takt,** die Takte
    takt|los
das **Tal,** die Täler
das **Ta|lent** – talentiert
der **Ta|lis|man,** die Talismane
der **Tank,** die Tanks (Benzintank)
    tan|ken, du tankst
    (Benzin tanken)
der **Tan|ker,** die Tanker
der **Tank|wart,** die Tankwarte
die **Tan|ne,** die Tannen → 5
die **Tan|te,** die Tanten
der **Tanz,** die Tänze
    tan|zen, du tanzt
der **Tän|zer,** die Tänzer → 19 ★

★ Denke an das verwandte Wort mit **a**. ★

tä **te**

die **Tän|ze|rin,** die Tänzerinnen
die **Ta|pe|te,** die Tapeten
    ta|pe|zie|ren, du tapezierst ✶
    tap|fer
die **Tap|fer|keit**
sich **tar|nen,** du tarnst dich
die **Tar|nung**
die **Ta|sche,** die Taschen
die **Tas|se,** die Tassen → 8
die **Tas|te,** die Tasten
    tas|ten, du tastest
die **Tat,** die Taten
er **tat** – tun
der **Tä|ter,** die Täter → 19
die **Tä|te|rin,** die Täterinnen → 19
    tä|tig → 19
die **Tä|tig|keit** → 19
die **Tat|sa|che,** die Tatsachen
    tat|säch|lich → 19
die **Tat|ze,** die Tatzen → 10
das **Tau,** die Taue (Tauziehen)
der **Tau** (Tautropfen)
    taub → 21
die **Tau|be,** die Tauben
    tau|chen, du tauchst
der **Tau|cher,** die Taucher
    tau|en, es taut
die **Tau|fe,** die Taufen
    tau|fen, du wirst getauft
    tau|gen, es taugt nichts
    tau|meln, du taumelst

der **Tausch** – tauschen
    tau|schen, du tauschst
    täu|schen, du täuschst → 20
die **Täu|schung** – täuschen → 20
    tau|send → 22
das **Ta|xi,** die Taxis
te
das **Team,** die Teams
die **Tech|nik,** die Techniken
der **Tech|ni|ker,** die Techniker
die **Tech|ni|ke|rin**
    tech|nisch
der **Ted|dy,** die Teddys
der **Tee,** die Tees → 13
der **Teer** – teeren → 13
der **Teich,** die Teiche
der **Teig,** die Teige
    (Brotteig) → 23
der [das] **Teil,** die Teile
    tei|len, du teilst
die **Teil|nah|me** – teilnehmen → 12
    teil|neh|men,
    du nimmst teil → 13
der **Teil|neh|mer,** die Teilnehmer
die **Teil|neh|me|rin** → 13
    teil|wei|se
das **Te|le|fon,** die Telefone
    te|le|fo|nie|ren,
    du telefonierst → 11 ✶
das **Te|le|gramm** → 4
der **Tel|ler,** die Teller → 3

✶ Wörter mit der Endung **-ieren** sind Tunwörter (Verben). ✶

te to

der **Tem|pel,** die Tempel
das **Tem|pe|ra|ment,**
    die Temperamente
die **Tem|pe|ra|tur,** die Temperaturen
das **Tem|po,** die Tempos [Tempi]
das **Ten|nis** (Tennis spielen) → 5
der **Tep|pich,** die Teppiche → 6
der **Ter|min,** die Termine
die **Ter|ras|se,** die Terrassen → 7, 8
der **Ter|ror** – terrorisieren → 7
der **Test,** die Tests
das **Tes|ta|ment,** die Testamente
    tes|ten, du testest
    teu|er → 18
der **Teu|fel** – teuflisch → 18
der **Text,** die Texte
    th
das **The|a|ter,** die Theater ✶
das **The|ma,** die Themen ✶
    the|o|re|tisch – die Theorie ✶
die **The|ra|pie,** die Therapien ✶
das **Ther|mo|me|ter,**
    die Thermometer ✶
die **Ther|mos|fla|sche** ✶
der **Thron,** die Throne ✶
der **Thun|fisch** [Tunfisch] ✶
    Thü|rin|gen – thüringisch ✶
    ti
    ti|cken, es tickt → 1
das **Ti|cket,** die Tickets (Flugticket)
    tief → 11

die **Tie|fe,** die Tiefen → 11
das **Tier,** die Tiere → 11
der **Ti|ger,** die Tiger
die **Tin|te,** die Tinten
der **Tipp,** die Tipps → 6
    tip|pen, du tippst → 6
    tipp|topp → 6
der **Tisch,** die Tische
der **Ti|tel,** die Titel
    to
der **Toast,** die Toasts [Toaste]
    to|ben, du tobst
die **Toch|ter,** die Töchter
der **Tod** → 22
    töd|lich
    tod|si|cher
das **To|hu|wa|bo|hu**
die **Toi|let|te,** die Toiletten → 9
    to|le|rant
    toll → 3
    tol|len, du tollst
    (herumtollen) → 3
der **Toll|patsch** – tollpatschig
die **Toll|wut** – tollwütig → 3
die **To|ma|te,** die Tomaten
die **Tom|bo|la**
der **Ton,** die Töne
    tö|nen, es tönt
die **Ton|ne,** die Tonnen → 5
der **Topf,** die Töpfe
    topf|fit

✶ **Th** am Wortanfang ist selten. Merke dir diese Wörter. ✶

das **Tor,** die Tore
der **Torf**
    tö|richt
    tor|keln, du torkelst
die **Tor|te,** die Torten
der **Tor|wart**
    tot ⭐
    to|tal
der **To|te,** die Toten ⭐
die **To|te** ⭐
    tö|ten, du tötest ⭐
    to|ten|blass → 8 ⭐
    to|ten|still → 3 ⭐
sich **tot|la|chen,** er lacht sich tot ⭐
die **Tour,** die Touren
der **Tou|rist,** die Touristen
    tr
    tra|ben, du trabst
die **Tracht,** die Trachten
  er **traf** – treffen
der **Tra|fo,** die Trafos
    träg [trä|ge]
    tra|gen, du trägst, er trug
der **Trä|ger** – tragen → 19
 du **trägst** – tragen → 19
der **Trai|ner,** die Trainer
die **Trai|ne|rin,** die Trainerinnen
    trai|nie|ren, du trainierst → 11
das **Trai|ning**
der **Trak|tor,** die Traktoren
    tram|peln, du trampelst

das **Tram|po|lin**
die **Trä|ne,** die Tränen
  er **trank** – trinken
der **Trans|port,** die Transporte
    trans|por|tie|ren,
    du transportierst → 11
  er **trat** – treten
die **Trau|be,** die Trauben
sich **trau|en,** du traust dich
die **Trau|er**
    trau|ern, du trauerst
der **Traum,** die Träume
    träu|men, du träumst → 20
    trau|rig
die **Trau|ung**
    tref|fen, du triffst, er traf → 2
der **Tref|fer** – treffen → 2
    trei|ben, du treibst, er trieb
    tren|nen, du trennst → 5
die **Tren|nung** – trennen → 5
die **Trep|pe,** die Treppen → 6
der **Tre|sor,** die Tresore
    tre|ten, du trittst, er trat
    treu → 18
die **Treue** → 18
    treu|los → 18
die **Tri|bü|ne,** die Tribünen
der **Trich|ter,** die Trichter
der **Trick,** die Tricks → 1
    trick|sen,
    du trickst mich aus → 1

⭐ Denke an den gemeinsamen Wortstamm. ⭐

er **trieb** – treiben → 11, 21
du **triffst** – treffen → 2
das **Tri|kot,** die Trikots
die **Tril|ler|pfei|fe** → 3
der **Trimm-dich-Pfad** → 4
sich **trim|men,** du trimmst dich → 4
 trin|ken, du trinkst, er trank
 trip|peln, du trippelst (auf Zehenspitzen trippeln) → 6
der **Tritt,** die Tritte → 9
du **trittst** – treten → 9
der **Tri|umph,** die Triumphe
 tri|um|phie|ren, du triumphierst → 11
 tro|cken → 1
die **Tro|cken|heit** → 1
 trock|nen, es trocknet → 1
 trö|deln, du trödelst
die **Trom|mel,** die Trommeln → 4
 trom|meln, du trommelst → 4
die **Trom|pe|te,** die Trompeten
 tröp|feln, es tröpfelt
der **Trop|fen,** die Tropfen
 trop|fen, es tropft
der **Trost** – trösten
 trös|ten, du tröstest
der **Trot|tel,** die Trottel → 9
der **Trotz** – trotzen → 10 ⭐
 trotz|dem → 10 ⭐
 trot|zen, du trotzt → 10 ⭐
 trot|zig → 10 ⭐

 trüb [trü|be]
der **Tru|bel**
er **trug** – tragen → 23
die **Tru|he,** die Truhen
die **Trüm|mer** → 4
der **Trumpf,** die Trümpfe
die **Trup|pe** → 6
der **Trut|hahn,** die Truthähne → 12
 ts
die **Tsche|chi|sche Re|pub|lik** [Tschechien] – tschechisch
 tschüs [tschüss]
das **T-Shirt,** die T-Shirts
 tu
die **Tu|be,** die Tuben
das **Tuch,** die Tücher
 tüch|tig
 tü|ckisch → 1
 tüf|teln, du tüftelst
die **Tul|pe,** die Tulpen
sich **tum|meln,** du tummelst dich → 4
der **Tu|mor,** die Tumore
der **Tüm|pel,** die Tümpel
der **Tu|mult,** die Tumulte
 tun, du tust, er tat
der **Tun|fisch** [Thunfisch]
der **Tun|nel,** die Tunnel[s] → 5
 tup|fen, du tupfst
die **Tür,** die Türen
der **Tur|ban,** die Turbane

⭐ Denke an den gemeinsamen Wortstamm. ⭐

die **Tur|bi|ne,** die Turbinen
die **Tür|kei** – türkisch
    tür|kis
der **Turm,** die Türme
    tur|nen, du turnst
das **Tur|nier,** die Turniere
die **Tu|sche** (Tuschzeichnung)
    tu|scheln, du tuschelst
die **Tü|te,** die Tüten
    tu|ten, es tutet
der **TÜV** (**T**echnischer **Ü**ber-
    wachungs**v**erein)
    tv
    TV (**T**ele**v**ision)
    ty
der **Typ,** die Typen
    ty|pisch

U

    ub
die **U-Bahn** (**U**ntergrund**b**ahn)
    ü|bel, mir ist übel
    ü|ben, du übst
    ü|ber ✸
    ü|ber|all → 3
    ü|ber|flüs|sig → 8
    ü|ber|flu|tet

    ü|ber|füllt → 3
    ü|ber|haupt
    ü|ber|lis|ten, du überlistest
    ü|ber|morgen
der **Ü|ber|mut** – übermütig
    ü|ber|que|ren, du überquerst
    ü|ber|ra|schen, du überraschst
die **Ü|ber|ra|schung** – überraschen
die **Ü|ber|schwem|mung** –
    überschwemmen → 4
    ü|ber|sicht|lich
    ü|ber|zeu|gen,
    du überzeugst → 18
    üb|lich
das **U-Boot** (**U**nter**s**ee**b**oot) → 14
    üb|rig
    üb|ri|gens
die **Ü|bung** – üben
    uf
das **U|fer,** die Ufer
das **U|fo,** die Ufos
    uh
die **Uhr,** die Uhren → 15
der **U|hu,** die Uhus
    ul
    ul|kig
    um
    um ✸
die **Um|ge|bung** – umgeben
    um|ge|kehrt → 13
der **Um|hang,** die Umhänge

✸ Denke an Zusammensetzungen mit den Wortbausteinen **über-** und **um-**. ✸

um|her
um|keh|ren, du kehrst um → 13
der **Um|laut,** die Umlaute
der **Um|riss,** die Umrisse → 8
der **Um|schlag,** die Umschläge
um|sonst
um|ständ|lich → 19
der **Um|weg,** die Umwege → 23
der **Um|welt|schutz** → 10
um|zie|hen, du ziehst um → 11
der **Um|zug,** die Umzüge
un
un|be|dingt
un|be|quem
und
un|end|lich
un|ent|gelt|lich
un|ent|schie|den → 11
un|er|hört
un|er|träg|lich → 19
un|fair
der **Un|fall,** die Unfälle → 3
der **Un|fug**
Un|garn – ungarisch
un|ge|fähr
das **Un|ge|heu|er,**
die Ungeheuer → 18
un|ge|heu|er|lich → 18
das **Un|ge|zie|fer** → 11
un|ge|zo|gen
un|glaub|lich

das **Un|glück,** die Unglücke → 1
die **Uni|form,** die Uniformen
die **Uni|ver|si|tät,**
die Universitäten
das **Un|kraut,** die Unkräuter
das **Un|recht**
die **Un|ru|he,** die Unruhen
un|ru|hig
uns, unser, unsere
die **Un|schuld** → 22
un|schul|dig
der **Un|sinn** → 5
un|sin|nig → 5
un|ten
un|ter
die **Un|ter|bre|chung** –
unterbrechen
un|ter|des|sen → 8
un|ter|ei|nan|der
die **Un|ter|füh|rung**
der **Un|ter|gang** – untergehen
un|ter|halb → 21
sich **un|ter|hal|ten,**
du unterhältst dich
die **Un|ter|hal|tung** – unterhalten
der **Un|ter|richt** – unterrichten
un|ter|schei|den,
du unterscheidest
der **Un|ter|schied,**
die Unterschiede → 11
der **Un|ter|schlupf**

Dieses Wort kannst du auch anders trennen: **un-ter-ein-an-der**.

die **Un|ter|schrift,**
  die Unterschriften
die **Un|ter|stüt|zung** – unterstützen
die **Un|ter|su|chung** –
  untersuchen
  un|ter|wegs
  un|ver|schämt → 19
das **Un|wet|ter,** die Unwetter → 9
  un|zäh|lig → 19
  up
  üp|pig → 6
  ur
  ur|alt
die **Ur|groß|el|tern** → 16
die **Ur|groß|mut|ter** → 16, 9
der **Ur|groß|va|ter** → 16
der **U|rin**
die **Ur|kun|de,** die Urkunden
der **Ur|laub** → 21
die **Ur|sa|che,** die Ursachen
der **Ur|sprung** – ursprünglich
das **Ur|teil,** die Urteile
  ur|teilen, du urteilst
der **Ur|wald,** die Urwälder → 22
  us
die **USA**
  (**U**nited **S**tates of **A**merica)
  uv
die **UV-Strah|len** (**u**ltra**v**iolette
  Strahlen) → 12

V

va
  va|ge
die **Va|gi|na**
der **Vam|pir,** die Vampire
die **Va|nil|le** (das Vanilleeis) → 3
die **Va|se,** die Vasen
der **Va|ter,** die Väter
ve
der **Ve|ge|ta|ri|er,** die Vegetarier
die **Ve|ge|ta|ri|e|rin**
das **Veil|chen,** die Veilchen
das **Ven|til,** die Ventile
der **Ven|ti|la|tor,** die Ventilatoren
sich **ver|ab|re|den,**
  du verabredest dich ⭐
die **Ver|ab|re|dung,**
  die Verabredungen ⭐
sich **ver|ab|schie|den,**
  du verabschiedest dich → 11 ⭐
die **Ver|ach|tung** – verachten ⭐
die **Ve|ran|da,** die Veranden
die **Ver|an|stal|tung** – veranstalten ⭐
  ver|ant|wort|lich ⭐
die **Ver|ant|wor|tung** – verantworten ⭐
  ver|äp|peln, du veräppelst ⭐
das **Verb,** die Verben → 21
der **Ver|band,** die Verbände → 22 ⭐

⭐ Denke an Zusammensetzungen mit dem Wortbaustein: **ver-**. ⭐

er **ver|barg** – verbergen → 23
ver|ber|gen, du verbirgst,
er verbarg
ver|bes|sern,
du verbesserst → 8
die **Ver|bes|se|rung** → 8
sich **ver|beu|gen** → 18
die **Ver|beu|gung** → 18
ver|bie|ten, du verbietest,
er verbot → 11
ver|bin|den, du verbindest
du **ver|birgst** – verbergen
ver|blüfft – verblüffen → 2
ver|bor|gen – verbergen
das **Ver|bot** – verbieten
er **ver|bot** – verbieten
ver|bo|ten – verbieten
der **Ver|brau|cher** – verbrauchen
das **Ver|bre|chen,** die Verbrechen
der **Ver|bre|cher,** die Verbrecher
die **Ver|bre|che|rin**
die **Ver|bren|nung** – verbrennen → 5
der **Ver|dacht** – verdächtigen
ver|däch|ti|gen,
du verdächtigst → 19
ver|dammt → 4
er **ver|darb** – verderben → 21
ver|dau|en, du verdaust
die **Ver|dau|ung** – verdauen
ver|der|ben, es verdirbt,
es verdarb

ver|die|nen,
du verdienst → 11
der **Ver|dienst** – verdienen → 11
du **ver|dirbst** – verderben
ver|dor|ben – verderben
ver|dor|ren, es verdorrt → 7
ver|dun|keln, du verdunkelst
ver|duns|ten, es verdunstet
die **Ver|duns|tung** – verdunsten
ver|durs|ten, du verdurstest
ver|dutzt → 10
ver|eh|ren, du verehrst → 13
der **Ver|ein,** die Vereine
ver|ein|ba|ren, du vereinbarst
der **Ver|fas|ser,**
die Verfasser → 8
die **Ver|fas|se|rin** → 8
ver|fau|len, es verfault
ver|flixt
ver|fol|gen, du verfolgst
die **Ver|gan|gen|heit**
er **ver|gaß** – vergessen → 16
ver|ge|bens
ver|geb|lich
ver|ges|sen, du vergisst,
er vergaß → 8
ver|gess|lich – vergessen
ver|geu|den,
du vergeudest → 18
das **Ver|giss|mein|nicht**
du **ver|gisst** – vergessen → 8

 Wörter mit der Nachsilbe **-lich** sind Wiewörter (Adjektive).

vergleichen, du vergleichst,
er verglich
verglichen – vergleichen
das **Vergnügen** – sich vergnügen
vergnügt
vergrößern,
du vergrößerst → 16
die **Vergrößerung** → 16
verhaften
die **Verhaftung,** die Verhaftungen
sich **verhalten,** du verhältst dich,
er verhielt sich
das **Verhältniswort,**
die Verhältniswörter
du **verhältst** dich – verhalten → 19
verheerend → 13 ★
verheimlichen,
du verheimlichst
verheiratet
verhext
er **verhielt** sich – verhalten → 11 ★
verhindern, du verhinderst
verhöhnen, du verhöhnst
sich **verirren,** du verirrst dich → 7
verkaufen, du verkaufst
der **Verkäufer,** die Verkäufer → 20
die **Verkäuferin** → 20
der **Verkehr** → 13 ★
verkehrt → 13 ★
sich **verkleiden,** du verkleidest dich
verkrampft

verlangen, du verlangst
verlängern,
du verlängerst → 19
die **Verlängerung** → 19
verlassen, du verlässt,
er verließ → 8
verletzen, du verletzt → 10
verletzt → 10
die **Verletzung** – verletzen → 10
verlieren, du verlierst,
er verlor → 11 ★
er **verließ** – verlassen → 11, 16 ★
die **Verlobung** – sich verloben
er **verlor** – verlieren
verloren – verlieren
die **Verlosung** – verlosen
der **Verlust** – verlieren
[sich] **vermehren,**
sie vermehren [sich] → 13 ★
vermeiden, du vermeidest,
er vermied
vermieden – vermeiden → 11 ★
vermissen, du vermisst → 8
das **Vermögen**
vermuten, du vermutest
vermutlich
die **Vermutung** – vermuten
vernichten, du vernichtest
vernünftig
die **Verpackung** – verpacken → 1
verpassen, du verpasst → 8

★ Diese Wörter enthalten ein Dehnungszeichen. ★

verpetzen, du verpetzt → 10
die **Verpflegung** – verpflegen
verplempern, du verplemperst
der **Verrat** ⭐
verraten, du verrätst,
er verriet ⭐
der **Verräter,** die Verräter → 19 ⭐
verreisen, du verreist ⭐
er **verriet** – verraten → 11 ⭐
verrückt → 1 ⭐
der **Vers,** die Verse (Liedvers)
der **Versand** – versenden → 22
versäumen, du versäumst
verscheuchen,
du verscheuchst → 18
verschieden → 11
verschlafen, du verschläfst,
er verschlief
du **verschläfst** – verschlafen → 19
verschlampen,
du verschlampst
sich **verschlechtern,**
du verschlechterst dich
er **verschlief** – verschlafen → 11
verschließen, du verschließt,
er verschloss → 11, 16
verschlossen – verschließen
der **Verschluss,**
die Verschlüsse → 8
die **Verschmutzung** –
verschmutzen → 10

er **verschwand** –
verschwinden → 22
verschwenden,
du verschwendest
verschwinden,
du verschwindest,
er verschwand
verschwommen –
verschwimmen → 4
verschwunden – verschwinden
aus **Versehen**
versehentlich
versengen, du versengst
(die Tischdecke versengen)
versenken, du versenkst
(ein Schiff versenken)
die **Versicherung** – versichern
versickern, es versickert → 1
sich **versöhnen,** du versöhnst dich
die **Verspätung** – sich verspäten
das **Versprechen** – versprechen
der **Verstand** – verstehen
er **verstand** – verstehen → 22
verständlich → 19
verstauchen, du verstauchst
das **Versteck** – verstecken → 1
verstehen, du verstehst,
er verstand
der **Versuch** – versuchen
versuchen, du versuchst
verteidigen, du verteidigst

 -rr- entsteht hier durch Zusammensetzungen mit **ver-**.

vert  **vi**

der **Ver|tei|di|ger,** die Verteidiger
die **Ver|tei|di|ge|rin**
der **Ver|trag,** die Verträge → 23
sich **ver|tra|gen,** du verträgst dich,
   er vertrug sich
das **Ver|trau|en**
   ver|trau|en, du vertraust
   ver|trau|lich
der **Ver|tre|ter,** die Vertreter
die **Ver|tre|te|rin,** die Vertreterinnen
   er **ver|trug** sich – sich vertragen
   ver|un|glü|cken,
      du verunglückst → 1
   ver|ur|tei|len, du verurteilst
   ver|viel|fa|chen,
      du vervielfachst
sich **ver|wan|deln,**
      du verwandelst dich
   ver|wandt sein
der **Ver|wand|te,** die Verwandten
   ver|wech|seln, du verwechselst
der **Ver|weis,** die Verweise
   ver|wel|ken, es verwelkt
die **Ver|wen|dung** – verwenden
   ver|wirrt – verwirren → 7
   ver|wit|tern, es verwittert → 9
   ver|wöh|nen, du verwöhnst
   ver|wun|dert – sich wundern
   ver|wun|det
die **Ver|wun|dung** –
   der Verwundete

ver|zeh|ren, du verzehrst → 13
das **Ver|zeich|nis,**
   die Verzeichnisse
   ver|zei|hen, du verzeihst,
      er verzieh
   ver|zich|ten, du verzichtest
   ver|zie|ren, du verzierst → 11
die **Ver|zie|rung** – verzieren → 11
   ver|zwei|feln, du verzweifelst
   ver|zwickt → 1
   ves|pern, du vesperst
der **Vet|ter,** die Vettern → 9
vi
das **Vi|deo** (der Videorekorder)
der **Vi|deo|clip,** die Videoclips
die **Vi|deo|thek,** die Videotheken
das **Vieh** → 11
   viel, mehr, am meisten → 11
   viel|fäl|tig → 11, 19
der **Viel|fraß,** die Vielfraße → 11, 16
   viel|leicht → 11
   vier, viermal → 11
das **Vier|eck,** die Vierecke → 11, 1
das **Vier|tel,** die Viertel → 11
   vier|tens → 11
   vier|zehn → 11, 13
   vier|zig → 11
die **Vil|la,** die Villen → 3
   vi|o|lett → 9
die **Vi|o|li|ne,** die Violinen
das [der] **Vi|rus,** die Viren

⭐ Wörter mit der Endung **-ine** werden ohne Dehnungszeichen geschrieben. ⭐

vi  **vu**

das **Vi|ta|min,** die Vitamine
    vo
der **Vo|gel,** die Vögel
die **Vo|ka|bel,** die Vokabeln
der **Vo|kal,** die Vokale
das **Volk,** die Völker
    voll → 3
der **Vol|ley|ball,** die Volleybälle → 3
    völ|lig → 3
    voll|kom|men → 3, 4
    voll|stän|dig → 3, 19
    voll|zäh|lig → 3, 19
    vom
    von
    vor
    vo|ran ★
    vo|raus ★
    vo|raus|sicht|lich ★
    vor|bei
das **Vor|bild,** die Vorbilder → 23
    vor|bild|lich
der **vor|de|re** Wagen
der **Vor|der|mann** → 5
    vor|ei|lig
    vor|erst
die **Vor|fahrt** → 12
    vor|han|den
der **Vor|hang,** die Vorhänge
    vor|her
    vo|ri|ges Jahr
    vor|läu|fig → 20

    vor|laut – am vorlautesten
der **Vor|mit|tag,**
    am Vormittag → 9
    vor|mit|tags → 9
der **Vor|mund**
    vorn
der **Vor|na|me,** die Vornamen
    vor|nehm → 13
der **Vor|ort,** die Vororte
der **Vor|rat,** die Vorräte
der **Vor|satz,** die Vorsätze → 10
zum **Vor|schein** kommen
der **Vor|schlag,**
    die Vorschläge → 23
die **Vor|schrift,** die Vorschriften
die **Vor|sicht**
    vor|sich|tig
die **Vor|sil|be,** die Vorsilben
der **Vor|stand,** die Vorstände → 22
[sich] **vor|stel|len,**
    du stellst [dich, dir] vor → 3
die **Vor|stel|lung** – vorstellen → 3
der **Vor|teil,** die Vorteile
der **Vor|trag,** die Vorträge → 23
    vo|rü|ber ★
die **Vor|wahl** → 12
    vor|wärts
der **Vor|wurf,** die Vorwürfe
    vu
der **Vul|kan,** die Vulkane

★ Diese Wörter kannst du auch nach dem **r** trennen, z.B.: **vor-an**. ★

W

wa

- die **Waa|ge** – wiegen → 12
- **waa|ge|recht [waag|recht]** → 12
- die **Wa|be,** die Waben
- **wach** ✦
- **wa|chen,** du wachst ✦
- das **Wachs,** die Wachse
- **wach|sam** ✦
- **wach|sen,** du wächst, er wuchs
- der **Wäch|ter** – wachen → 19 ✦
- **wa|cke|lig [wack|lig]** → 1
- **wa|ckeln,** du wackelst → 1
- die **Wa|de,** die Waden
- die **Waf|fe,** die Waffen → 2
- die **Waf|fel,** die Waffeln → 2
- **wa|ge|mu|tig**
- der **Wa|gen,** die Wagen
- **wa|gen,** du wagst
- der **Wag|gon** [Wagon], die Waggons
- **wag|hal|sig**
- der **Wa|gon** → Waggon
- die **Wahl** – wählen → 12
- **wäh|len,** du wählst → 19
- der **Wahn|sinn** – wahnsinnig → 12, 5
- **wahr** (eine wahre Geschichte) → 12
- **wäh|rend**
- **wahr|haf|tig** → 12
- die **Wahr|heit** → 12
- **wahr|schein|lich** → 12
- das **Wai|sen|haus,** die Waisenhäuser → 17
- das **Wai|sen|kind** → 17, 22
- der **Wal,** die Wale (Walfang)
- der **Wald,** die Wälder → 22
- der **Walk|man**
- der **Wall,** die Wälle (Schutzwall) → 3
- **wall|fah|ren** → 3, 12
- die **Wall|fahrt** → 3, 12
- die **Wal|nuss,** die Walnüsse → 8
- die **Wal|ze** – wälzen
- [sich] **wäl|zen,** du wälzt [dich] → 19
- die **Wand,** die Wände → 22
- er **wand** sich – sich winden → 22
- der **Wan|de|rer** – wandern
- **wan|dern,** du wanderst
- die **Wan|de|rung** – wandern
- er **wand|te** sich – sich wenden
- die **Wan|ge,** die Wangen
- **wan|ken,** du wankst
- **wann** → 5
- die **Wan|ne,** die Wannen → 5
- das **Wap|pen,** die Wappen → 6
- er **war** – sein

 Denke an den gemeinsamen Wortstamm.

er **warb** – werben → 21
die **Wa|re,** die Waren
er **warf** – werfen
warm, wärmer, am wärmsten
die **Wär|me** – wärmen → 19
wär|men, du wärmst → 19
wär|mer, am wärmsten – warm → 19
war|nen, du warnst
du **warst** – sein
war|ten, du wartest
der **Wär|ter** – warten → 19
wa|rum
die **War|ze,** die Warzen
was
die **Wä|sche** – waschen → 19
[sich] **wa|schen,** du wäschst [dich], er wusch [sich]
das **Was|ser** → 8
wa|ten, du watest
die **Wat|sche,** die Watschen
wat|scheln, du watschelst
das **Watt** (Wattenmeer) → 9
die **Wat|te** → 9
we
we|ben, du webst
das **Wech|sel|geld** – wechseln → 22
wech|seln, du wechselst
we|cken, du weckst → 1
der **We|cker** – wecken → 1
we|deln, du wedelst

we|der
der **Weg,** die Wege → 23
weg
we|gen
der **Weg|wei|ser,** die Wegweiser
weh, es tut weh
we|hen, es weht
sich **weh|ren,** du wehrst dich → 13
das **Weib,** die Weiber → 21
weib|lich
weich
die **Wei|che** – weichen
die **Wei|de** – weiden
sich **wei|gern,** du weigerst dich
wei|hen, er weiht
der **Wei|her,** die Weiher
Weih|nach|ten
weih|nacht|lich
der **Weih|rauch**
weil
eine **Wei|le**
der **Wein,** die Weine
wei|nen, du weinst
wei|se (ein weiser Rat)
weis|ma|chen, du machst ihm weis
weiß (weiße Farbe) → 16
er **weiß** – wissen → 16
du **weißt** – wissen → 16
weit
wei|ter

★ Hier stehen keine Zusammensetzungen mit **weiter**-. Schlage getrennt nach. ★

weitsichtig
der Weitsprung
der Weizen
welche, welcher, welches
welk
welken, sie welkt
die Welle, die Wellen → 3
der Wellensittich → 3, 9
wellig → 3
der Welpe, die Welpen
die Welt
das Weltall → 3
wem – wer
wen – wer
die Wendeltreppe → 6
wenden, du wendest
wendig
wenig
wenigstens
wenn
(wenn ich wüsste …)
wer
die Werbung – werben
werden, du wirst, er wurde
werfen, du wirfst, er warf
die Werft, die Werften
das Werk, die Werke
die Werkstatt,
die Werkstätten → 9
der Werktag, die Werktage → 23
werktags

das Werkzeug,
die Werkzeuge → 18, 23
wert
der Wert, die Werte
wertvoll → 3
das Wesen, die Wesen
wesentlich
die Weser
weshalb
die Wespe, die Wespen
wessen → 8
die Weste, die Westen
der Westen
der Western, die Western
Westfalen – westfälisch
westlich
die Wette – wetten → 9 ✦
wetten, du wettest → 9 ✦
das Wetter → 9
der Wettkampf,
die Wettkämpfe → 9 ✦
wetzen, du wetzt → 10
wi
der Wicht, die Wichte
wichtig
der Wickel – wickeln → 1
wickeln, du wickelst → 1
wider (gegen)
widerlegen, du widerlegst
widerlich
widerrufen, du widerrufst

✦ Denke an den gemeinsamen Wortstamm. ✦

widersprechen,
du widersprichst,
er widersprach
der **Widerspruch,**
die Widersprüche
der **Widerstand,**
die Widerstände → 22
der **Widerwille** – widerwillig → 3
die **Widmung** – widmen
wie
wieder (nochmals) → 11
wiederholen, du wiederholst
die **Wiederholung** → 11
auf **Wiedersehen** → 11
die **Wiege** – wiegen → 11
wiegen, du wiegst,
er wog → 11
wiehern, es wiehert → 11
die **Wiese,** die Wiesen → 11
das **Wiesel,** die Wiesel → 11
wieso → 11
wie viel, wie viele → 11
das **Wild**
wild – am wildesten → 22
das **Wildkraut,** die Wildkräuter
die **Wildnis**
der **Wille** – wollen → 3
willig → 3
willkommen → 3, 4
willkürlich → 3
du **willst** – wollen → 3

wimmeln, es wimmelt → 4
wimmern, du wimmerst → 4
der **Wimpel,** die Wimpel
die **Wimper,** die Wimpern
der **Wind,** die Winde → 22
die **Windel,** die Windeln
sich **winden,** du windest dich,
er wand sich
windig
die **Windpocken** → 1
der **Winkel,** die Winkel ★
winkelig [winklig] ★
winken, du winkst ★
winseln, du winselst
der **Winter**
winterlich
der **Winzer,** die Winzer
die **Winzerin,** die Winzerinnen
winzig
der **Wipfel,** die Wipfel
die **Wippe** – wippen → 6
wippen, du wippst → 6
wir (wir alle)
der **Wirbel,** die Wirbel
wirbeln, du wirbelst
die **Wirbelsäule,** die Wirbelsäulen
es **wird** – werden
du **wirfst** – werfen
wirken, du wirkst ★
wirklich ★
die **Wirklichkeit** ★

★ Nach einem Mitlaut steht nur **k**, nie **ck**. ★

wirksam ⭐
die **Wirkung**
wirr – verwirrt → 7
der **Wirrwarr** → 7
der **Wirsing**
du **wirst** – werden
der **Wirt,** die Wirte (Gastwirt)
die **Wirtin,** die Wirtinnen
die **Wirtschaft** – wirtschaften
das **Wirtshaus,** die Wirtshäuser
wischen, du wischst
wispern, du wisperst
wissen, du weißt,
er wusste → 8
wittern, es wittert → 9
die **Witterung** → 9
die **Witwe,** die Witwen
der **Witwer,** die Witwer
der **Witz,** die Witze → 10
der **Witzbold,**
die Witzbolde → 10, 22
witzig → 10
wo
wo
woanders
die **Woche,** die Wochen
wochenlang
wöchentlich
wodurch
wofür
er **wog** – wiegen → 23

die **Woge,** die Wogen
woher
wohin
wohl → 14
wohlhabend → 14
wohnen, du wohnst → 14
wohnlich → 14
die **Wohnung,**
die Wohnungen → 14
der **Wolf,** die Wölfe
die **Wolke,** die Wolken
wolkig
die **Wolle** → 3
wollen, du willst → 3
die **Wonne** → 5
das **Wort,** die Wörter
wörtlich
worüber
wozu
wr
das **Wrack,** die Wracks → 1
wu
er **wuchs** – wachsen
die **Wucht**
wuchtig
wühlen, du wühlst
wund → 22
die **Wunde,** die Wunden
das **Wunder,** die Wunder
wunderbar ⭐
sich **wundern,** du wunderst dich

⭐ Wörter mit den Nachsilben **-sam** und **-bar** sind Wiewörter (Adjektive). ⭐

der **Wunsch,** die Wünsche
    wün|schen, du wünschst
er **wur|de** – werden
der **Wurf,** die Würfe
der **Wür|fel** – würfeln
    wür|feln, du würfelst
    wür|gen, du würgst
der **Wurm,** die Würmer
    wurm|sti|chig
die **Wurst,** die Würste
die **Wur|zel,** die Wurzeln
    wür|zen, du würzt ✦
    wür|zig ✦
er **wusch** – waschen
er **wuss|te** – wissen → 8
    wüst
die **Wüs|te,** die Wüsten
die **Wut**
    wü|ten, du wütest
    wü|tend

X

x
die **X-Bei|ne**
    x-mal
das **Xy|lo|phon** [Xylofon]

Y

y
die **Yacht** → Jacht
der [das] **Yo|ga [Jo|ga]**
das **Yp|si|lon,** die Ypsilons
der **Y|tong** (Stein)

Z

za
die **Za|cke,** die Zacken → 1
    zag|haft
    zäh – am zähesten
die **Zahl** – zählen → 12
    zah|len, du zahlst → 12
    zäh|len, du zählst → 19
der **Zäh|ler,** die Zähler → 19
die **Zah|lung** – zahlen → 12
das **Zahl|wort,** die Zahlwörter → 12
    zahm → 12
    zäh|men, du zähmst → 19
der **Zahn,** die Zähne → 12
die **Zahn|pas|ta,**
    die Zahnpasten → 12
die **Zan|ge,** die Zangen
der **Zank** – sich zanken

✦ Nach einem Mitlaut steht nur **z**, nie **tz**. ✦

za ze

sich **zan|ken,** du zankst dich
das **Zäpf|chen** → 19
der **Zap|fen,** die Zapfen
    zap|pe|lig [zapp|lig] → 6
    zap|peln, du zappelst → 6
    zap|pen, du zappst → 6
    zart
    zärt|lich → 19
die **Zärt|lich|keit** → 19
der **Zau|be|rer,** die Zauberer
die **Zau|be|rin,** die Zauberinnen
    zau|bern, du zauberst
der **Zaum** (das Zaumzeug)
der **Zaun,** die Zäune

ze

das **Zeb|ra,** die Zebras
der **Zeb|ra|strei|fen**
die **Ze|che,** die Zechen
die **Ze|cke,** die Zecken → 1
die **Ze|he** [der **Zeh**], die Zehen
    zehn, zehnmal → 13
    zeh|ren, du zehrst → 13
das **Zei|chen,** die Zeichen
    zeich|nen, du zeichnest
die **Zeich|nung** – zeichnen
    zei|gen, du zeigst
der **Zei|ger** – zeigen
die **Zei|le,** die Zeilen
die **Zeit,** die Zeiten
    zei|tig
die **Zeit|schrift,** die Zeitschriften

die **Zei|tung,** die Zeitungen
der **Zeit|ver|treib**
    zeit|wei|se
die **Zel|le,** die Zellen → 3
das **Zel|lo|phan** [Cellophan]
das **Zelt,** die Zelte
    zel|ten, du zeltest
der **Ze|ment**
    ze|men|tie|ren,
    es ist zementiert → 11
    zen|sie|ren,
    du zensierst → 11
die **Zen|sur,** die Zensuren
der **Zen|ti|me|ter,** die Zentimeter
der **Zent|ner,** die Zentner
    zent|ral
die **Zent|ra|le,** die Zentralen
das **Zent|rum,** die Zentren
der **Zep|pe|lin,** die Zeppeline
    er **zer|brach** – zerbrechen ★
    zer|bre|chen, du zerbrichst,
    er zerbrach ★
    zer|bro|chen – zerbrechen ★
    zer|drü|cken, du zerdrückst
    zer|fetzt → 10 ★
    zer|klei|nern, du zerkleinerst ★
    zer|knirscht ★
    zer|knül|len, du zerknüllst
    (Papier zerknüllen) → 3 ★
    zer|quet|schen,
    du zerquetschst ★

★ Denke an Zusammensetzungen mit dem Wortbaustein **zer-**. ★

zer **zo**

zer|rei|ßen, du zerreißt,
er zerriss → 16
zer|ren, du zerrst → 7
er **zer|riss** – zerreißen → 8
zer|ris|sen – zerreißen → 8
die **Zer|rung** – zerren → 7
zer|schmet|tern,
du zerschmetterst → 9
zer|split|tern,
es zersplittert → 9
zer|stö|ren, du zerstörst
zer|streut, zerstreuen → 18
zer|trüm|mern,
du zertrümmerst → 4
zer|zaust – zerzausen
der **Zet|tel,** die Zettel → 9
das **Zeug** → 18, 23
der **Zeu|ge,** die Zeugen → 18
die **Zeu|gin,** die Zeuginnen → 18
das **Zeug|nis,** die Zeugnisse → 18

zi

im **Zick|zack** fahren → 1
die **Zie|ge,** die Ziegen → 11
der **Zie|gel,** die Ziegel → 11
zie|hen, du ziehst, er zog → 11
das **Ziel,** die Ziele → 11
zie|len, du zielst → 11
ziem|lich → 11
sich **zie|ren,** du zierst dich → 11
der **Zier|gar|ten,**
die Ziergärten → 11

die **Zier|leis|te,** die Zierleisten → 11
zier|lich → 11
die **Zif|fer,** die Ziffern → 2
die **Zi|ga|ret|te,** die Zigaretten → 9
die **Zi|gar|re,** die Zigarren → 7
der **Zi|geu|ner,** die Zigeuner → 18
die **Zi|geu|ne|rin** → 18
das **Zim|mer,** die Zimmer → 4
zim|per|lich
der **Zimt**
das **Zinn** → 5
der **Zins,** die Zinsen
der **Zip|fel,** die Zipfel
zir|ka [circa]
der **Zir|kel,** die Zirkel
der **Zir|kus** [Circus], die Zirkusse
zir|pen, es zirpt
zi|schen, du zischst
die **Zi|ther,** die Zithern
die **Zi|tro|ne,** die Zitronen
zit|te|rig [zitt|rig] → 9
zit|tern, du zitterst → 9
die **Zit|ze,** die Zitzen → 10
der **Zi|vil|dienst|leis|ten|de** (Zivi)

zo

er **zog** – ziehen → 23
zö|gern, du zögerst
der **Zoll,** die Zölle → 3
der **Zöll|ner,** die Zöllner → 3
die **Zo|ne,** die Zonen
der **Zoo,** die Zoos → 14

 -rr- entsteht hier durch Zusammensetzungen mit **zer-**.

der **Zopf,** die Zöpfe
der **Zorn**
   zor|nig
   zu
   zu, zu Ende, zu viel
   zu|al|ler|erst, zuallerletzt
das **Zu|be|hör**
die **Zu|be|rei|tung** – zubereiten
die **Zucht** – züchten
   züch|ten, du züchtest
   zu|cken, du zuckst → 1
der **Zu|cker** – zuckern → 1
   zu|ei|nan|der ⭐
   zu|erst
der **Zu|fall,** die Zufälle → 3
   zu|fäl|lig → 19, 3
   zu|frie|den → 11
die **Zu|frie|den|heit** → 11
der **Zug,** die Züge → 23
   zu|ge|ben, du gibst zu,
   er gab zu
der **Zü|gel** – zügeln
   zü|gig
   zu|gleich
   zu Hau|se (zu Hause sein)
das **Zu|hau|se**
   zu|hö|ren, du hörst zu
der **Zu|hö|rer,** die Zuhörer
die **Zu|hö|re|rin,** die Zuhörerinnen
die **Zu|kunft**
   zu|künf|tig

   zu|letzt → 10
   zu|lie|be → 11
   zum
   zu|min|dest
   zu|mu|ten, du mutest zu
   zu|nächst
   zün|deln, du zündelst
das **Zünd|holz,** die Zündhölzer
die **Zün|dung** – zünden
   zünf|tig
die **Zun|ge** – züngeln
   zün|geln, sie züngelt
   zup|fen, du zupfst
   zur
sich **zu|recht|fin|den,**
   du findest dich zurecht,
   er fand sich zurecht
   zu|rück → 1
   zu|sam|men → 4
der **Zu|sam|men|prall** –
   zusammenprallen → 4, 3
   zu|sätz|lich → 19, 10
der **Zu|schau|er** – zuschauen
die **Zu|schau|e|rin**
   zu|se|hends
der **Zu|stand,**
   die Zustände → 22
   zu|stän|dig → 19
die **Zu|tat,** die Zutaten
sich **zu|trau|en,** du traust dir zu
   zu|trau|lich

⭐ Du kannst auch anders trennen: **zu-ein-an-der**. ⭐

zu|ver|läs|sig → 19, 8
zu viel → 11
zu|vor
zu we|nig
zu|wi|der
zw
er **zwang** mich – zwingen
zwän|gen,
du zwängst dich → 19
zwan|zig
zwar
der **Zweck** → 1
zweck|mä|ßig → 1, 19, 16
zwei, zweimal
zwei|er|lei
der **Zwei|fel** – zweifeln
zwei|fel|haft
zwei|fel|los
zwei|feln, du zweifelst
der **Zweig,** die Zweige → 23
zwei|tens
der **Zwerg,** die Zwerge → 23
die **Zwetsch|ge [Zwet|sche]**
zwi|cken, du zwickst → 1
der **Zwie|back** → 11, 1
die **Zwie|bel,** die Zwiebeln → 11
der **Zwil|ling,** die Zwillinge → 3
zwin|gen, du zwingst,
er zwang
der **Zwin|ger,** die Zwinger
zwin|kern, du zwinkerst

der **Zwirn,** die Zwirne
zwi|schen
zwi|schen|durch
zwit|schern, er zwitschert
zwölf
zy
der **Zy|lin|der,** die Zylinder

 Denke an Zusammensetzungen mit dem Wortbaustein **zwischen**-.

Partnerspiele zum Hören und Sprechen

Dein Partner sagt dir:	**Du sagst ihm:**
ein Wort, zum Beispiel: gewinnen.	• unter welchem Buchstaben man es findet. • wie man es trennen kann. • welche Selbstlaute du im Wort hörst.
ein Wort, in dem jeder Laut zu hören ist, zum Beispiel: Minute.	• wie der zweite, dritte ... Buchstabe heißt. • wie viele Buchstaben das Wort hat.
ein Wort aus dem Wörterverzeichnis, das ein Dehnungszeichen oder eine Mitlautverdopplung hat, zum Beispiel: fahren.	• ob der betonte Selbstlaut kurz oder lang klingt.
ein Wort, das ein b, p, g, k, d oder t zwischen zwei Selbstlauten enthält, zum Beispiel: Nebel.	• welchen von diesen Lauten du hörst.
ein Wort aus der Reimwörterliste, zum Beispiel: Bein.	• passende Reimwörter.
ein Wort, zum Beispiel: Ferien.	• ein Wort, das mit dem letzten Buchstaben des gehörten Wortes beginnt, zum Beispiel: neugierig. • Jetzt ist wieder dein Partner dran.

Partnerspiele zum Schreiben

Dein Partner	Du
schreibt ein Wort auf: *Wind* *Wald*	• veränderst nur einen Buchstaben im Wort: *Wand, Wild*
sucht ein Wort mit Mitlautverdopplung und schreibt es so auf: *We..er*	• schreibst das vollständige Wort auf: *Wetter*
schreibt eine Wörterschlange mit Großbuchstaben: BAUMPFLANZEGRÜNDÜNGEN	• schreibst die einzelnen Wörter auf. Achte dabei auf die Großschreibung der Namenwörter: *der Baum, die Pflanze, grün, düngen*
schreibt Wörter mit mehreren Silben auf: *die Katze, zutraulich*	• schreibst die Wörter mit Trennungsstrichen auf: *die Kat-ze, zu-trau-lich*
schreibt Wörter auf, in welchen andere versteckt sind: *Preis*	• schreibst möglichst viele Wörter auf: *der Reis, das Eis, das Ei*
schreibt zusammengesetzte Wörter auf: *Geburtstagsfeier zuckersüß*	• schreibst die einzelnen Wörter auf: *die Geburt, der Tag, die Feier der Zucker, süß*
schreibt drei Wörter aus der Reimwörterliste auf: *der Hahn, der Zahn, die Bahn*	• kennzeichnest gleiche Wortteile: *der **Hahn**, der **Zahn**, die **Bahn***

Partnerspiele zum Nachdenken

Dein Partner nennt dir:	**Du sagst ihm:**
ein Namenwort (Nomen): *Baum*	• wie der Begleiter heißt: *der Baum* • wie die Mehrzahl heißt: *die Bäume* • ein zusammengesetztes Namenwort (Nomen): *Weihnachtsbaum*

ein Tunwort (Verb) in der Grundform: *gehen*	• wie die Du-Form heißt: *du gehst* • wie die Vergangenheit heißt: *ich ging*
ein Wort, hinter dem ein verwandtes Wort steht: *der Quatsch*	• ein verwandtes Wort: *quatschen*
ein Wort aus der Liste der gleich klingenden Wörter (Seite 228): *die Ferse*	• die beiden Bedeutungen: 1. *die Ferse: Teil des Fußes* 2. *die Verse: Verse dichten*
ein Wort mit Pfeil und Ziffer, ohne diese zu verraten: *der Keller*	• die Ziffer: *3, das Wort enthält ll*
ein Wort mit ä aus der Wortliste Seite 197: *die Glätte*	• das verwandte Wort: *glatt*
ein zusammengesetztes Tunwort (Verb): *weglaufen*	• den Wortbaustein, der vor dem Tunwort (Verb) steht, und die Grundform des Tunwortes: *weg – laufen*

So kannst du dir Wörter einprägen

Für Wörter, die du dir merken willst, kannst du dir eine Rechtschreibkartei anlegen. Dazu brauchst du einen kleinen Kasten und Karteikarten.
Jedes Wort schreibst du auf eine eigene Karte. Wie du mit einem Karteikasten üben kannst, findest du auf Seite 179. Hier lernst du verschiedene Arten kennen, wie du die Karteikarten beschriften kannst.

1 Wörter merken
- Suche das Wort im Wörterbuch. Präge dir das Wort ein und schreibe es auf. Sprich das Wort deutlich.
- Auf welche Stelle achtest du besonders? Kennzeichne sie.
- Schreibe das Wort mehrmals. Kontrolliere, ob du jedes Mal richtig geschrieben hast.

der Strumpf
der Strumpf, die Strümpfe
der Strumpf
der Strumpf, der Strumpf,
DER STRUMPF

2 Wörter gliedern
- Gliedere das Wort mit Silbenbögen.
- Schreibe es mit Trennungsstrichen auf.
- Schreibe das Wort in Großbuchstaben. Welche Wörter sind im Wort enthalten?

wegfliegen
wegfliegen
weg - flie - gen
WEGFLIEGEN
der Weg, weg, die Fliege, fliegen,
die Fliegen, die Liege, liegen,
die Liegen

3 Wörter bilden
- Suche Reimwörter. Hilfen findest du auf den Seiten 215 bis 227.
- Suche verwandte Wörter.
- Finde neue Wörter. Ändere immer nur einen Buchstaben.

lachen
lachen – wachen
lachen – machen
auslachen, anlachen, lächerlich
lachen – die Lachen
lachen – lochen

4 Wörter verlängern
- Versuche das Wort zu verlängern.
- Bilde zusammengesetzte Wörter.
- Bilde eine Wortreihe. Kennzeichne den wichtigen Buchstaben. Kontrolliere.

Du kannst die Wörter auch nach der Wortart auf die Karteikarte schreiben.

5 Ist dein Wort ein Namenwort (Nomen)?
- Schreibe das Wort mit Begleiter auf.
- Bilde zur Einzahl die Mehrzahl.
- Bilde Zusammensetzungen.
- Vielleicht gibt es eine Verkleinerungsform. Schreibe sie auf.

6 Ist dein Wort ein Tunwort (Verb)?
- Schreibe es in der Ich-Form, Wir-Form, Sie-Form und Du-Form auf.
- Schreibe es in verschiedenen Zeitformen auf.
- Mit welchen Wörtern kannst du das Wort zusammensetzen?

7 Ist dein Wort ein Wiewort (Adjektiv)?
- Schreibe es mit einem passenden Namenwort (Nomen) auf.
- Bilde mit dem Wort zusammengesetzte Wörter.
- Gibt es zu deinem Wort das Gegenteil?
- Wie heißen die Vergleichsformen?

---

das Bild

das Bild, die Bilder
der Bilderrahmen, abbilden
das Bild – die Bilder, das Schild –
die Schilder, der Held – die Helden

Holz

das Holz
das Holz, die Hölzer
das Streichholz, der Holzstoß,
der Holzstuhl
das Holz – das Hölzchen

---

lesen

ich lese, wir lesen, sie liest,
du liest
Heute lese ich. Gestern las ich.
Eben habe ich noch gelesen.
auflesen, vorlesen, auslesen
das Lesebuch, die Leseecke

---

schön

der schöne Tag
Der Tag ist schön.
wunderschön, die Schönheit,
verschönern
schön – hässlich
schön, schöner, am schönsten

Wörtertraining mit der Rechtschreibkartei

Wie du mit einem Karteikasten üben kannst, findest du hier. Dein Karteikasten braucht sechs Fächer. Alle beschrifteten Karten steckst du in das erste Fach deines Karteikastens. Anregungen, wie du die Karten beschriften kannst, stehen auf den Seiten 177 und 178.

So trainierst du:

1 Nimm eine Karte aus dem ersten Fach und lies das Wort. Sprich dabei besonders deutlich.

2 Schau dir die Stelle im Wort an, auf die du beim Schreiben besonders achten willst.

3 Drehe die Wortkarte um. Schreibe das Wort mit dem Finger auf den Tisch und sprich dabei leise mit.

4 Kontrolliere mit der Wortkarte, ob du das Wort richtig geschrieben hast.

5 Schreibe das Wort nun auswendig auf.

6 Kontrolliere noch einmal mit der Wortkarte. Hast du das Wort richtig geschrieben, kommt die Karte ins zweite Fach. Ist das Wort falsch, wird es verbessert. Die Karte bleibt im ersten Fach.

7 Ein paar Tage später übst du das Wort noch einmal auf die gleiche Weise.

8 Wörter im zweiten Fach schaust du vor dem Schreiben nicht mehr an, sondern lässt sie dir diktieren. Die geschriebenen Wörter werden von dir und deinem Partner kontrolliert. Ist das Wort richtig, kommt die Karte in das nächste Fach. Ist das Wort falsch, bleibt die Karte in ihrem Fach.

9 Ziel ist es, alle Wortkarten in das letzte Fach zu bringen.
Die Spielregeln kennst du jetzt.
Im letzten Fach ordnest du die Wörter nach dem ABC.

So wirst du sicher im richtigen Schreiben

→ 1 ck

⭐1 Dein Wort enthält **ck**.
Schreibe das Wort auf. Fahre **ck** gelb nach.

⭐2 Sprich das Wort deutlich.
Achte auf den kurz gesprochenen Selbstlaut.

⭐3 Setze unter den kurz gesprochenen Selbstlaut vor dem **ck** einen roten Punkt.

⭐4 Lies die Wortlisten.
Beachte den kurz gesprochenen Selbstlaut vor dem **ck**.
Sprich deutlich.

	backen	das	Päckchen
der	Bäcker		packen
der	Geschmack		verpacken
die	Jacke	die	Verpackung

	aufwecken		erschrecken
die	Decke	die	Hecke
der	Dreck		schmecken
	dreckig	der	Schreck
die	Ecke		schrecklich
	eckig	der	Wecker
	entdecken		zudecken

der	Blick	die	Entwicklung
	blicken		erblicken
	dick		flicken
	entwickeln		schicken

der	Block	der	Rock
der	Bock	der	Stock
	hocken		trocken
der	Hocker		

die	Brücke	die	Lücke
der	Druck	der	Rücken
	drücken	das	Stück
das	Glück	der	Zucker
	glücklich		zurück

⭐5 Welche Wörter reimen sich?
Schreibe die Reimpaare auf.
Fünf Wörter bleiben übrig.

der Rücken   der Block   fliegen
backen   lügen   schmecken
verpacken   blicken   legen
erschrecken   drücken   er flog
der Rock   der Haken   schicken

⭐6 Wähle eine Wortliste aus.
Schreibe sie auf. Kennzeichne gleiche Wortteile.
Schreibe so: *der R(ock), tr(ocken)*

⭐7 Trenne alle zweisilbigen Wörter der Wortliste.
Schreibe so: *backen, ba-cken*

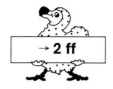

→ 2 ff

⭐ **1** Dein Wort enthält **ff**.
Schreibe das Wort auf. Fahre **ff** gelb nach.

⭐ **2** Sprich das Wort deutlich.
Achte auf den kurz gesprochenen Selbstlaut.

⭐ **3** Setze unter den kurz gesprochenen Selbstlaut vor dem **ff** einen roten Punkt.

⭐ **4** Lies die Wortlisten.
Beachte den kurz gesprochenen Selbstlaut vor dem **ff**.
Sprich deutlich.

der Affe	der Pfeffer
der Griff	das Schiff
die Hoffnung	der Stoff
der Koffer	der Treffer
der Löffel	die Ziffer

geschafft	schaffen
getroffen	treffen
hoffen	er trifft

hoffentlich	offen

⭐ **5** Hier kannst du Silben zu Wörtern zusammensetzen.
Schreibe die Wörter auf und kennzeichne **off**.

Hoff	Kar	hof	ge	lich
hof	tof	trof	nung	fer
fent	fen	fen	fel	Kof

⭐ **6** Suche passende Wörter aus den Wortlisten. Schreibe die vollständigen Sätze auf.

Die Tür steht 🖋 .
Die Kinder 🖋 sich auf dem Spielplatz.
🖋 regnet es am Wochenende nicht.
Mit 🖋 kann man würzen.
Auf dem Fluss fahren 🖋 .
Im Zoo kann man 🖋 sehen.
Wir packen unsere 🖋 .
Mutter näht aus blauem 🖋 ein Kleid.

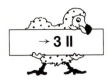

→ 3 ll

billig	toll
hell	voll
schnell	vollständig
still	willig

⭐1 Dein Wort enthält **ll**. Schreibe das Wort auf. Fahre **ll** gelb nach.

⭐2 Sprich das Wort deutlich. Achte auf den kurz gesprochenen Selbstlaut.

⭐3 Setze unter den kurz gesprochenen Selbstlaut vor dem **ll** einen roten Punkt.

⭐4 Lies die Wortlisten. Beachte den kurz gesprochenen Selbstlaut vor dem **ll**. Sprich deutlich.

der Ball	der Müll
die Brille	die Quelle
der Füller	der Schall
die Herstellung	der Stall
der Keller	der Teller
der Knall	

bellen	rollen
fallen	er rollt
füllen	sollen
gefallen	stellen
herstellen	er will
knallen	wollen

⭐5 Suche zu einigen Wörtern aus den Wortlisten Reimwörter.

Die Reimwörterliste hilft dir.

der Ball, der Schall, der Wall …
fallen, knallen …

Schreibe sie auf.

⭐6 Suche passende Wörter aus den Wortlisten.
Schreibe die vollständigen Sätze auf.

Zum Lesen braucht Vater eine 🖋 .
Die Kinder spielen mit dem 🖋 .
Jeder Bach hat eine 🖋 .
Der Hund 🖋 .
Hans holt im 🖋 Kartoffeln.
Der Ball 🖋 auf die Straße.
Im Herbst 🖋 die Blätter von den Bäumen.

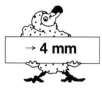

→ **4 mm**

brummen	der Gummi
dumm	die Nummer
die Dummheit	nummerieren

1 Dein Wort enthält **mm**. Schreibe das Wort auf. Fahre **mm** gelb nach.

2 Sprich das Wort deutlich. Achte auf den kurz gesprochenen Selbstlaut.

3 Setze unter den kurz gesprochenen Selbstlaut vor dem **mm** einen roten Punkt.

4 Lies die Wortlisten. Beachte den kurz gesprochenen Selbstlaut vor dem **mm**. Sprich deutlich.

5 Schreibe alle einsilbigen Wörter aus den Wortlisten untereinander auf. Schreibe jeweils ein verlängertes Wort daneben.

Schreibe so: *dumm – dümmer*

6 Suche passende Wörter aus den Wortlisten. Schreibe die vollständigen Sätze auf.

der Kamm	die Sammlung
kämmen	der Schwamm
das Programm	er schwamm
sammeln	der Stamm

bestimmt	schwimmen
der Himmel	die Stimme
er nimmt	stimmen
schlimm	das Zimmer

gekommen	geschwommen
kommen	der Sommer

Der Baum hat einen dicken 🖋 .
Im 🖋 haben wir lange Ferien.
Ich wasche und 🖋 mich.
Mit dem 🖋 putze ich die Tafel.
Im Fernsehen gibt es ein 🖋 für Kinder.
Der 🖋 ist fast wolkenlos.
Wir tapezieren mein 🖋 neu.
Seit letzter Woche kann ich 🖋 .
Kannst du heute zu mir 🖋 ?
Autoreifen sind aus 🖋 .

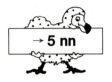

→ 5 nn

1 Dein Wort enthält **nn**. Schreibe das Wort auf. Fahre **nn** gelb nach.

2 Sprich das Wort deutlich. Achte auf den kurz gesprochenen Selbstlaut.

3 Setze unter den kurz gesprochenen Selbstlaut vor dem **nn** einen roten Punkt.

4 Lies die Wortlisten. Beachte den kurz gesprochenen Selbstlaut vor dem **nn**. Sprich deutlich.

er begann	er kannte
er brannte	der Mann
er gewann	er rannte
er kann	die Tanne
die Kanne	verbrannt

brennen	trennen
kennen	verbrennen
nennen	die Verbrennung
rennen	

der Beginn	gewinnen
beginnen	der Sinn
besinnen	sinnlos
der Gewinn	

begonnen	können
der Donner	die Sonne
donnern	sonnig
der Donnerstag	der Sonntag
gewonnen	die Tonne

dünn

5 Schreibe alle Tunwörter (Verben) aus den Wortlisten so auf:

*beginnen,
du beginnst, er begann*

6 Suche passende Wörter aus den Wortlisten. Schreibe die vollständigen Sätze auf.

Nach dem Blitz ✎ es.
Das Kind ✎ über die Straße.
Morgen ✎ der Unterricht erst um 8.45 Uhr.
Peter hat einen Preis ✎ .
Hoffentlich scheint morgen die ✎ .
Plötzlich ✎ das ganze Haus.
Karin ✎ gut Flöte spielen.
✎ dir nicht die Finger!
Ich ✎ viele Pilze.

→ 6 **pp**

1 Dein Wort enthält **pp**. Schreibe das Wort auf. Fahre **pp** gelb nach.

2 Sprich das Wort deutlich. Achte auf den kurz gesprochenen Selbstlaut.

3 Setze unter den kurz gesprochenen Selbstlaut vor dem **pp** einen roten Punkt.

4 Lies die Wortlisten. Beachte den kurz gesprochenen Selbstlaut vor dem **pp**. Sprich deutlich.

die Gruppe	die Puppe
der Lappen	die Suppe
die Lippe	die Treppe
die Mappe	

kippen	verdoppeln
klappern	wippen
plappern	zappeln
schleppen	

klapprig	zappelig

5 Lege eine Tabelle nach folgendem Muster an. Ordne die Wörter richtig ein.

app	epp	ipp	opp	upp

6 Trenne die Wörter. Schreibe so: *Lup-pe*

7 Suche passende Wörter aus den Wortlisten. Schreibe die vollständigen Sätze auf.

Die 🌿 schmeckt gut.
Wir arbeiten manchmal in der 🌿.
Ich hefte das Blatt in die 🌿.
Die Fische 🌿 im Netz.
Vater 🌿 die Leiter in den Keller.
Die Meise 🌿 mit dem Schwanz.
Mein Fahrrad ist alt und 🌿.
Bei Regenwetter werden manche Kinder 🌿.

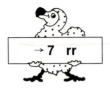

→ 7 rr

1 Dein Wort enthält **rr**. Schreibe das Wort auf. Fahre **rr** gelb nach.

2 Sprich das Wort deutlich. Achte auf den kurz gesprochenen Selbstlaut.

3 Setze unter den kurz gesprochenen Selbstlaut vor dem **rr** einen roten Punkt.

4 Lies die Wortlisten. Beachte den kurz gesprochenen Selbstlaut vor dem **rr**. Sprich deutlich.

	knarren	scharren
der	Narr	

der	Herr	
	herrlich	zerren

das	Geschirr	sich irren
	klirren	

	knurren	schnurren
	murren	

5 Schreibe die Tunwörter (Verben) in der Es-Form so auf:

es klirrt, es klirrte,
es klirr-te

Vorsicht beim Trennen!

Nur der letzte Mitlaut kommt zur nächsten Silbe.

6 Suche passende Wörter aus den Wortlisten. Schreibe die vollständigen Sätze auf.

Der Hund 🖋 an der Leine.
Mir 🖋 der Magen vor Hunger.
Die Katze liegt auf dem Sofa und 🖋 .
Manche Kinder 🖋 über die Hausaufgaben.
Im Fasching ziehen die 🖋 durch die Straßen.
Ungeduldig 🖋 die Pferde mit den Hufen.
Peter trocknet das 🖋 ab.
Jeder kann sich einmal 🖋 .
Heute hat 🖋 Müller angerufen.

→ 8 ss

besser	interessant
bissig	nass
essbar	rissig
flüssig	vergesslich

1 Dein Wort enthält **ss**. Schreibe das Wort auf. Fahre **ss** gelb nach.

2 Sprich das Wort deutlich. Achte auf den kurz gesprochenen Selbstlaut.

3 Setze unter den kurz gesprochenen Selbstlaut vor dem **ss** einen roten Punkt.

4 Lies die Wortlisten. Beachte den kurz gesprochenen Selbstlaut vor dem **ss**. Sprich deutlich.

5 Suche die einsilbigen Wörter. Schreibe so:
der Fluss, die Flüsse

6 Schreibe die Tunwörter (Verben) so:
*essen, er aß,
er hat gegessen*

Mit den Listen auf den Seiten 206 bis 208 geht es leicht!

das Fass	die Nässe
der Fluss	die Nuss
die Flüssigkeit	der Pass
das Interesse	der Riss
die Klasse	das Schloss
der Kompass	der Schlüssel
der Kuss	die Tasse
das Messer	das Wasser

er biss	messen
essen	müssen
fassen	passen
er floss	er riss
fressen	er schloss
er goss	vergessen
lassen	wissen

7 Suche passende Wörter aus den Wortlisten. Schreibe die vollständigen Sätze auf.

Mit dem 🪶 kann man schneiden.

Ich 🪶 ein Brötchen.

Wir knacken 🪶.

Vorsicht, der Hund ist 🪶.

Der Schlüssel steckt im 🪶.

Tina hat ihr Heft 🪶.

Das möchte ich genau 🪶.

Diese Pilze sind 🪶. Nach dem Regen sind die Straßen 🪶.

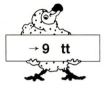

→ 9 **tt**

1 Dein Wort enthält **tt**.
Schreibe das Wort auf. Fahre **tt** gelb nach.

2 Sprich das Wort deutlich.
Achte auf den kurz gesprochenen Selbstlaut.

3 Setze unter den kurz gesprochenen Selbstlaut vor dem **tt** einen roten Punkt.

4 Lies die Wortlisten. Beachte den kurz gesprochenen Selbstlaut vor dem **tt**. Sprich deutlich.

das Bett	die Mitte
das Blatt	der Mittwoch
die Diskette	die Mutter
das Fett	der Schatten
das Gewitter	der Schmetterling
die Glätte	die Spagetti
die Hütte	das Wetter
der Mittag	

bitten	schütten
klettern	wetten
rütteln	zittern
schütteln	

bitter	satt
fett	schattig
glatt	

5 Lege eine Tabelle nach folgendem Muster an.
Ordne die Wörter richtig ein.

att	ett	itt	ott	utt

6 Suche passende Wörter aus den Wortlisten. Schreibe die vollständigen Sätze auf.

Im Herbst werden die ✎ bunt.
Auf der Blüte sitzt ein schöner ✎.
In diesem Sommer war herrliches ✎.
Diese Medizin schmeckt ✎.
Bei großer Hitze suche ich mir einen ✎ Platz.
Oma war der Braten zu ✎.
Wir ✎ Vater um Erlaubnis.
Der Wind ✎ an den Zweigen.
Wir ✎ vor Kälte.

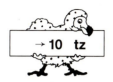

→ 10 **tz**

⭐**1** Dein Wort enthält **tz**. Schreibe das Wort auf. Fahre **tz** gelb nach.

⭐**2** Sprich das Wort deutlich. Achte auf den kurz gesprochenen Selbstlaut.

⭐**3** Setze unter den kurz gesprochenen Selbstlaut vor dem **tz** einen roten Punkt.

⭐**4** Lies die Wortlisten. Beachte den kurz gesprochenen Selbstlaut vor dem **tz**. Sprich deutlich.

der	Blitz	der	Satz
das	Gesetz	der	Schmutz
die	Hetze	die	Spitze
die	Hitze	die	Spritze
die	Katze	die	Verletzung
der	Platz	die	Verschmutzung

blitzen	setzen
kratzen	sitzen
nützen	spitzen
platzen	spritzen
schützen	verletzen
schwitzen	verschmutzen

besetzt	schmutzig
kitzlig	spitz
letzte	trotzig
nützlich	witzig

jetzt	trotzdem
plötzlich	zuletzt

⭐**5** Zu vielen Wörtern findest du in den Wortlisten verwandte Wörter. Schreibe so:
der Blitz – blitzen

⭐**6** Trenne alle zweisilbigen Wörter der Wortlisten. Schreibe so:
die Spritze, die Sprit-ze

⭐**7** Schreibe die Tunwörter (Verben) so:
es spritzt, es spritzte,
es spritz-te

Vorsicht beim Trennen!

Der letzte Mitlaut kommt zur nächsten Silbe.

⭐**8** Suche passende Wörter aus den Wortlisten. Schreibe die vollständigen Sätze auf.

Vater 🖋 den Rasen. Meine Schuhe sind 🖋. Ein greller 🖋 zuckte am Himmel. 🖋 fing es zu regnen an.
Meine Schwester ist sehr 🖋.
Ameisen sind 🖋 Tiere.
Beim Fußballspielen 🖋 ich schnell.
Ich könnte vor Wut 🖋.

Ein lang gesprochenes **i** schreibt man meistens mit **ie**.

→ 11   ie

1 Dein Wort enthält ein lang gesprochenes **i**. Es wird mit **ie** geschrieben. Schreibe das Wort auf.

2 Sprich das Wort deutlich. Unterstreiche **ie** grün.

3 Lies die Wortlisten. Beachte das lang gesprochene **i**. Sprich deutlich.

das Beispiel	die Schwierigkeit
die Biene	der Spaziergang
der Dienstag	der Spiegel
die Fliege	der Stiel
der Frieden	die Tiefe
die Kiefer	das Tier
der Krieg	die Wiese
das Lied	das Ziel
die Miete	die Zwiebel

biegen	riechen
fliegen	schieben
fließen	schließen
frieren	spazieren
gießen	spiegeln
informieren	spielen
kriechen	verbieten
lieben	verlieren
liegen	vertiefen
nummerieren	wiegen

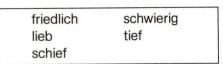

friedlich	schwierig
lieb	tief
schief	

niemals	siebzig
niemand	vielleicht
schließlich	vier
sieben	vierzig

4 Setze folgende Tunwörter (Verben) in die Vergangenheitsform:

fallen, schreiben, rufen, scheinen, schlafen, raten, schreien, steigen, treiben, schweigen, stoßen

Schreibe so: *fallen, er fiel*

Mit den Listen auf den Seiten 206-208 geht es leicht!

5 Achtung! Ausnahme! Wenige Wörter mit lang gesprochenem **i** haben kein Dehnungszeichen, z. B.: die Bleistiftmine, der Kamin, das Vitamin, . . .
Auch Wörter mit der Endung **-ine** werden ohne Dehnungszeichen geschrieben:
die Apfelsine, die Maschine, . . .
Stelle weitere Wörter zusammen und präge sie dir ein.

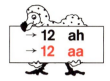

→ 12 **ah**
→ 12 **aa**

1 Dein Wort enthält ein lang gesprochenes **a**. Es wird mit einem Dehnungszeichen geschrieben. Schreibe das Wort auf und unterstreiche das lang gesprochene **a** grün.

2 Sprich das Wort deutlich. Achte auf das gedehnte **a**.

3 Lies die Wortlisten. Wähle aus einer Wortliste fünf Wörter aus. Präge sie dir ein.

	ahnen		Nahrung
die	Bahn	die	Naht
	bezahlen	die	Vorfahrt
der	Draht	die	Wahl
die	Fahne	die	Zahl
	fahren		zahlen
die	Gefahr	der	Zahn
das	Jahr		

	ernähren	
	erzählen	ungefähr
die	Erzählung	wählen
	gefährlich	während
		zählen

Es gibt nur wenige Wörter mit **aa**.

der Aal	der Saal
das Ehepaar	die Saat
das Haar	der Staat
haarig	die Waage

Ich übe Wörter manchmal mit Karteikarten oder mit dem Partner.

4 Suche passende Wörter aus den Wortlisten. Schreibe die vollständigen Sätze auf.

Ich kämme meine ✍ .

Neulich verlor ich einen ✍ .

Die ✍ zeigt das Gewicht an.

In den großen ✍ passen viele Leute.

Auf der Straße lauern viele ✍ .

Jedes ✍ werden wir älter.

Am liebsten ✍ wir in den Urlaub.

Das Eichhörnchen versteckt seine ✍ .

Wir haben ✍ 30 Minuten Zeit.

Diese Kreuzung ist sehr ✍ .

→ 13 **eh**
→ 13 **ee**

1 Dein Wort enthält ein lang gesprochenes **e**. Es wird mit einem Dehnungszeichen geschrieben. Schreibe das Wort auf und unterstreiche das lang gesprochene **e** grün.

2 Sprich das Wort deutlich. Achte auf das gedehnte **e**.

3 Lies die Wortlisten. Wähle aus einer Wortliste fünf Wörter aus. Präge sie dir ein.

	ehrlich		nehmen
der	Fehler		umkehren
	fehlerfrei		verehren
der	Lehrer	der	Verkehr
die	Lehrerin		zehn
	mehr		

die	Beere	das	Meer
das	Beet	der	Schnee
die	Fee	der	See
der	Kaffee	der	Tee
	leer		

4 Suche passende Wörter aus den Wortlisten. Schreibe die vollständigen Sätze auf.

Auf der Autobahn ist viel 🌿.
Im Winter freuen sich die Kinder auf den 🌿.
🌿 Finder werden belohnt.
Viele Vögel ernähren sich von 🌿.
Am liebsten bade ich im 🌿.
Manchmal fällt mir in der Schule nichts 🌿 ein.
Zum Frühstück trinke ich gerne 🌿.
Ich bringe die 🌿 Flaschen zurück.

Es gibt nur wenige Wörter mit **ee**.

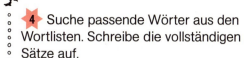

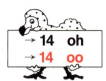

→ 14 **oh**
→ 14 **oo**

1 Dein Wort enthält ein lang gesprochenes **o**. Es wird mit einem Dehnungszeichen geschrieben. Schreibe das Wort auf und unterstreiche das lang gesprochene **o** grün.

2 Sprich das Wort deutlich. Achte auf das gedehnte **o**.

3 Lies die Wortlisten. Wähle fünf Wörter aus. Präge sie dir ein.

	belohnen		ohne
	bohren	das	Ohr
	hohl	der	Sohn
der	Lohn		wohnen

	fröhlich	die	Höhle
die	Fröhlichkeit		

das	Boot	das	Moos
	doof	der	Zoo
das	Moor		

Es gibt nur wenige Wörter mit **oo**.

4 Suche passende Wörter aus den Wortlisten. Schreibe die vollständigen Sätze auf.

Wir 🖋 in einem Hochhaus.
Mutter 🖋 ein Loch in die Wand.
Mit dem 🖋 fahren wir auf den See hinaus.
Viele Vögel polstern ihr Nest mit 🖋 aus.
Mein Großvater ist stolz auf seinen 🖋.
Im 🖋 beobachten wir die Tiere.
Oft mache ich meine Hausaufgaben 🖋 Fehler.
Der Dachs schläft in seiner 🖋.

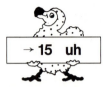

→ 15 uh

1 Dein Wort enthält ein lang gesprochenes **u**. Es wird mit einem Dehnungszeichen geschrieben. Schreibe das Wort auf und unterstreiche das lang gesprochene **u** grün.

2 Sprich das Wort deutlich. Achte auf das gedehnte **u**.

3 Lies die Wortlisten. Wähle aus einer Wortliste fünf Wörter aus. Präge sie dir ein.

die	Armbanduhr	die	Müllabfuhr
das	Brathuhn	der	Stuhl
ich	fuhr	die	Stuhllehne
das	Huhn	die	Uhr
der	Kinderstuhl	die	Uhrzeit

	berühmt	der	Hühnerstall
	fühlen		kühl
	führen		kühlen
die	Führung		rühren
das	Gefühl		

4 In den Wortlisten findest du verwandte Wörter. Schreibe so:
die Uhr, die Uhrzeit, die Armbanduhr

5 Suche passende Wörter aus den Wortlisten. Schreibe die vollständigen Sätze auf.

Jeden Morgen beginnt um 8 🖋 der Unterricht.

Ich esse gerne 🖋 mit Reis.

Letzte Woche bekam Sabine eine 🖋 geschenkt.

Gestern 🖋 ich mit dem Fahrrad zu meinem Freund.

Ohne die 🖋 würden wir im Abfall ersticken.

Opa sitzt gerne auf einem bequemen 🖋.

Ich sammle Autogramme von 🖋 Sportlern.

Vor Kälte konnte ich meine Finger kaum 🖋.

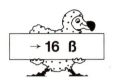

→ 16 ß

1 Dein Wort enthält einen lang gesprochenen Selbstlaut. Danach folgt **ß**. Schreibe das Wort auf. Fahre **ß** gelb nach.

2 Sprich das Wort deutlich. Unterstreiche den lang gesprochenen Laut grün.

3 Lies die Wortlisten. Sprich den Laut vor dem **ß** deutlich.

er	aß	das	Maß
	bloß	er	maß
	fließen		schließen
er	fraß		schließlich
der	Fuß	der	Stoß
	gießen		stoßen
	groß	die	Straße
er	ließ	er	vergaß

die	Füße	süß
	größer	die Süßigkeit
	grüßen	

	außen		heiß
	beißen		heißen
	draußen		reißen
	dreißig	der	Strauß
der	Fleiß		weiß
	fleißig	ich	weiß

ß steht nur nach **langen** Selbstlauten.

4 Setze die Namenwörter (Nomen) der Wortlisten in die Mehrzahl. Schreibe so: *der Fuß, die Füße*

Bei **einem** Namenwort ist dies nicht möglich.

5 Schreibe die Tunwörter (Verben) der Wortlisten so:

er aß, sie aßen

fließen, er fließt

6 Suche passende Wörter aus den Wortlisten. Schreibe die vollständigen Sätze auf.

🌿 können den Zähnen schaden.
Weil es so laut ist, 🌿 ich das Fenster.
Heute ist es sehr 🌿. Auf dem Thermometer lese ich 🌿 Grad ab.
Wie 🌿 deine Eltern mit Vornamen?
Im Sommer musst du die Blumen oft 🌿.
Warum 🌿 Hunde manchmal?
Heute Mittag 🌿 er seinen Teller schnell leer.

→ 17 ai

⭐ **1** Dein Wort enthält **ai**. Schreibe das Wort auf. Fahre **ai** gelb nach.

⭐ **2** Bilde Wortpaare. Schreibe so:
der Hai, die Haifischflosse

der Hai	der Brotlaib
der Kai	der Froschlaich
der Laib	die Gitarrensaite
der Laich	die Haifischflosse
der Laie	die Kaimauer
der Mai	der Laienspieler
der Mais	der Maibaum
die Saite	der Maiskolben

Ich stehe im Mai am Kai und füttere den Hai mit Mais.

⭐ **3** Suche passende Wörter aus der Wortliste. Schreibe die vollständigen Sätze auf.

Ich kaufe einen 🌾 Schwarzbrot.
Die Schiffe liegen am 🌾 .
Gegrillte 🌾 mag ich besonders gern.
Meine Gitarre braucht eine neue 🌾 .
Aus 🌾 schlüpfen Kaulquappen.

→ 18 eu

⭐ **1** Dein Wort enthält **eu**. Schreibe das Wort auf. Fahre **eu** gelb nach.

⭐ **2** Welche Wörter sind miteinander verwandt? Schreibe sie so auf:
andeuten – deutlich

	Deutschland	der Freund
die	Eule	die Freundin
der	Euro	das Kreuz
	Europa	die Kreuzung
die	Feuchtigkeit	der Leuchter
das	Feuer	die Leute
das	Flugzeug	das Steuer
die	Freude	das Zeugnis

	andeuten	kreuzen
	betreuen	leuchten
sich	freuen	steuern

deutlich	neu
deutsch	neun
feucht	neunzig
freundlich	teuer
heute	treu

3 Schreibe mindestens sechs Wörter aus den Wortlisten ab. Fahre **eu** gelb nach.

> Es gibt nicht viele Wörter mit **eu**. Du kannst sie dir merken.

4 Suche passende Wörter aus den Wortlisten. Schreibe die vollständigen Sätze auf.

Alte Keller haben oft 🪶 Wände.
🪶 können lautlos durch die Luft gleiten.
Der Verkehr an 🪶 ist oft mit Ampeln geregelt.
Nicht alle Kinder 🪶 sich auf das 🪶 .
🪶 will ich mich mit meinem 🪶 treffen.
Für ein Kegelspiel braucht man 🪶 Kegel.
An Ostern brennt vor der Kirche ein riesiges 🪶 .

→ 19 **ä**

1 Dein Wort enthält **ä**. Schreibe das Wort auf. Fahre **ä** gelb nach.

2 Suche zu deinem Wort mit **ä** ein verwandtes Wort mit **a**.

*Dazu weiß ich keine verwandten Wörter mit **a**.*

der Bär	
	gähnen
der Käfer	
der Käfig	
	lärmen
das Mädchen	
das Märchen	

3 Suche zu mindestens sechs Wörtern ein verwandtes Wort mit **a**.
Schreibe so: *ändern – anders*

	älter	die	Nässe
	ändern		quälen
	ärgern	das	Rätsel
der	Bäcker	die	Schärfe
	drängen	er	schläft
	erklären	er	schlägt
	erzählen	der	Stängel
die	Glätte	die	Stärke
	hängen		stärken
die	Kälte		wählen
	kräftig	die	Wärme
er	lässt		zählen

4 Suche zu mindestens sechs Wörtern ein verwandtes Wort mit **a**.
Schreibe so:
die Äpfel, der Apfel

die Äpfel	die Pässe
die Ärzte	die Plätze
die Äste	die Säfte
die Bälle	die Sätze
die Blätter	die Städte
die Gräser	die Stämme
die Hände	die Strände
die Männer	die Väter
die Nächte	die Zähne

Ganz einfach: Ich bilde die Einzahl.

→ 20 äu

1 Dein Wort enthält **äu**. Schreibe das Wort auf. Fahre **äu** gelb nach.

2 Suche verwandte Wörter mit **au**. Schreibe die Wortpaare so auf:
die Bäuche – der Bauch

die Bäuche	die Häute
die Bäume	die Kräuter
das Gebäude	die Sträucher
die Häuser	die Sträuße

| er läuft | er säuft |
| aufräumen | träumen |

| häufig |

3 Welche Wörter sind miteinander verwandt? Schreibe sie auf.

aufschäumen   sauber   der Bau
säubern   bauen   der Schaum
das Gebäude   schäumen   gesäubert
der Verkäufer   geschäumt
die Verkäuferin   kaufen

Zu den Wörtern mit **äu** gibt es oft verwandte Wörter mit **au**.

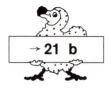

→ 21 b

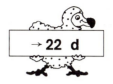

→ 22 d

1 Dein Wort hat am Ende ein **b**. Schreibe das Wort auf. Fahre **b** farbig nach.

1 Dein Wort hat am Ende ein **d**. Schreibe das Wort auf. Fahre **d** farbig nach.

b am Wortende klingt wie **p**. Verlängere das Wort, dann kannst du **b** deutlich hören.

d am Wortende klingt wie **t**. Verlängere das Wort, dann kannst du **d** deutlich hören.

2 Verlängere die folgenden Wörter, damit du **b** deutlich hören kannst. Schreibe so:

der Dieb, die Diebe
gelb, ein gelbes Kleid

2 Verlängere die folgenden Wörter, damit du **d** deutlich hören kannst. Schreibe so:

blind, ein blindes Kätzchen

der	Dieb
	gelb
das	Laub
	lieb
das	Sieb
der	Stab
der	Urlaub

Laub kann ich aber nicht verlängern!

Bei Namenwörtern (Nomen) ist es einfach. Ich bilde die Mehrzahl.

der	Abend	das	Kind
das	Bild	das	Kleid
der	Brand	das	Land
	blind	das	Lied
das	Feld	der	Mund
	fremd		niemand
der	Freund	das	Pferd
das	Geld	der	Strand
	gesund		tausend
die	Hand	der	Wald
das	Hemd		wild
der	Hund	der	Wind
	jemand		

3 Auch bei diesen Wörtern klingt **b** wie **p**. Bilde die Grundform, damit du **b** deutlich hörst. Schreibe so:

er gibt – geben

er gibt	er schiebt
er lebt	er schrieb
er liebt	es staubt
er lobt	er tobt

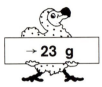

→ 23 g

1 Dein Wort hat am Ende ein **g**. Schreibe das Wort auf. Fahre **g** farbig nach.

> **g** am Wortende klingt wie **k**.
> Verlängere das Wort, dann kannst du **g** deutlich hören.

2 Verlängere die folgenden Wörter, damit du **g** deutlich hören kannst. Schreibe die Wortpaare so auf:

der Tag, die Tage

der Flug	der Sieg
der Käfig	der Tag
der Krieg	der Weg
der Schlag	der Zweig

Und was ist mit **klug**? Kann ich das auch verlängern?

3 Auch bei diesen Wörtern klingt **g** wie **k**. Bilde die Grundform, damit du **g** deutlich hörst. Schreibe so:

er fliegt – fliegen

er biegt	er schlägt
er bog	er schlug
er fliegt	er schweigt
er flog	er steigt
er lag	er stieg
er legt	er trägt
er liegt	er trug
er log	er wiegt
er lügt	er wog
er mag	er zeigt
er sagt	er zog

Texte schreiben und überarbeiten

Wortfelder

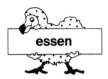
essen

- die Suppe **probieren / kosten**
- das Mittagessen **hinunterschlingen**
- von der Nachspeise **naschen**
- Gebäck **knabbern**
- **sich** von Obst und Gemüse **ernähren**
- Berge von Kuchen **verdrücken**
- eine Forelle **verspeisen**
- das Frühstück in Ruhe **genießen**
- das Frühstücksbrot **verzehren**
- ein Eis **schlecken**
- trockenes Brot **kauen**
- eine Banane **mampfen**
- mit Genuss **schmatzen**
- am Büfett **schlemmen**
- Schokolade **futtern**
- ohne Appetit **mümmeln**

trinken

- den heißen Kakao **schlürfen**
- die Limonade **hinunterstürzen**
- **sich** einen großen Schluck aus der Flasche **genehmigen**
- kaltes Wasser **hinunterkippen**
- vom Saft **nippen**

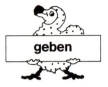
geben

- eine Urkunde **aushändigen**
- zum Geburtstag etwas **schenken**
- einen Blumenstrauß **überreichen**
- die Hand **schütteln**
- eine Erlaubnis / Auskunft **erteilen**
- Geld für einen guten Zweck **spenden**
- einen Preis **verleihen**
- jemandem im Schullandheim ein Zimmer **zuweisen**
- jemandem eine Ermäßigung **gewähren / bewilligen**

machen

- die Hausaufgaben sorgfältig **erledigen**
- einen Ausflug **unternehmen**
- eine schwere Arbeit **ausführen**
- ein Auto **reparieren**
- einen Plan **entwerfen**
- ein Feuer **anzünden**
- einen Strohstern **basteln**
- eine Party **veranstalten**

gehen

- zum Altar **schreiten**
- zum Ausgang **stolpern**
- mit jemandem um die Wette **rennen**
- auf dem Schulweg **trödeln**
- zum Bahnhof **hasten**
- um die Ecke **flitzen**
- durch die Straßen **bummeln**
- durch den Wald **streifen**
- auf einen Berg **steigen**
- durch den Schnee **stapfen**
- verletzt vom Spielfeld **humpeln**
- wie ein Indianer **schleichen**
- durch die Stadt **schlendern**
- durch den Park **spazieren**
- durch den kalten Bach **waten**
- ins Haus **stürmen**
- aus dem Zimmer **stürzen**
- über den Schulhof **rasen**

sehen

- um die Ecke **spitzen**
- Tiere im Zoo **beobachten**
- durchs Schlüsselloch **gucken**
- ins helle Sonnenlicht **blinzeln**
- von einem Turm auf die Stadt **blicken/schauen**
- erstaunt **gaffen**
- Rehe auf einer Waldwiese **erspähen**
- ein kunstvolles Spinnennetz **bestaunen**
- einen Fehler **bemerken**
- eine seltene Pflanze **entdecken**
- eine Wegmarkierung **finden**
- durch eine Ritze **lugen**
- Umrisse im Nebel **wahrnehmen**
- mit großen Augen **glotzen**

fliegen

- in der Luft **schweben/segeln**
- wie ein Schmetterling **hin und her gaukeln**
- zum Nest **flattern**
- durch die Luft **wirbeln/schwirren**
- mit dem Fallschirm **zu Boden gleiten**

schlafen

- im Sessel **einnicken/einduseln**
- in der Sonne **dösen**
- friedlich **schlummern**
- bis Mittag **ratzen**
- unter der Brücke **pennen**
- bis in den Morgen **schnarchen**

sprechen

- eine Geschichte **erzählen**
- über einen Vorfall **berichten**
- **sich** über eine Fernsehsendung **unterhalten**
- mit dem Nachbarn **reden/schwätzen**
- auf eine Frage **antworten**
- wütend **brüllen**
- miteinander **plaudern**
- ein Gedicht **vortragen**
- aufgeregt **stottern**
- über die Hausaufgaben **maulen**
- etwas **vor sich hin nuscheln**
- **murmeln**
- **sich** über ein Problem **äußern**
- vor Schmerz **jammern**
- jemandem ins Ohr **flüstern**
- Worte **heraussprudeln**

weinen

- vor Wut **heulen/plärren**
- vor Verzweiflung **schluchzen**
- vor Rührung **in Tränen ausbrechen**
- Tränen **vergießen**
- herzzerreißend **flennen**
- heimlich eine Träne **verdrücken**

sich freuen

- über eine gute Note **jubeln**
- schadenfroh **grinsen/feixen**
- über eine heitere Geschichte **schmunzeln**
- zufrieden **lächeln**
- **sich ins Fäustchen lachen**
- nach einem Sieg **triumphieren**
- vor Freude **jauchzen/juchzen**
- **begeistert aufspringen**

Treffende Ausdrücke

Angst haben

- **sich** vor einer Spinne **gruseln**
- bei einem unbekannten Geräusch **zusammenzucken**
- vor einer Prüfung **zittern**
- **mit den Zähnen klappern**
- **mit den Knien schlottern**
- **sich nicht mehr regen können**
- vor Entsetzen **wie gelähmt sein**
- **sich** vor Angst **verkriechen**
- **eine Gänsehaut kriegen**
- vor Angst **erschauern/beben**
- **Herzklopfen bekommen**
- **den Atem anhalten**
- **beunruhigt sein**
- **sich fürchten**
- vor einem Gespenst **zusammenfahren**

traurig sein

- **wehmütig** an die vergangenen Ferien **zurückdenken**
- über eine schlechte Note **enttäuscht/niedergeschlagen sein**
- über den Tod eines Tieres **klagen**
- über einen Unfall **erschüttert sein**
- **den Kopf / die Flügel hängen lassen**
- **Trübsal blasen**

wütend sein

- vor Zorn **rot anlaufen**
- **die Stirn runzeln**
- **in die Höhe fahren**
- **die Geduld verlieren**
- **in die Luft gehen**
- **aus der Haut fahren**
- **vor Wut platzen/toben/kochen**
- **die Wand hochgehen**
- **aufbrausen**
- **wie ein Rohrspatz schimpfen**
- **jemanden zur Weißglut bringen**
- **außer sich geraten**

froh sein

- **gut gelaunt** nach Hause kommen
- **selig** im Bett liegen
- **freudestrahlend** ein Geschenk empfangen
- **erleichtert aufatmen**
- **vergnügt/quietschvergnügt** aus dem Kino kommen
- **ausgelassen** durchs Haus toben
- **in Erinnerungen schwelgen**
- **zufrieden** in sich hineinlächeln
- **vor Freude umherhüpfen**
- **beschwingt** durchs Zimmer **tanzen**

Schwierige Vergangenheitsformen

	1. Vergangenheit	2. Vergangenheit
beginnen	er begann	er hat begonnen
beißen	er biss	er hat gebissen
biegen	er bog	er hat gebogen
binden	er band	er hat gebunden
bitten	er bat	er hat gebeten
bleiben	er blieb	er ist geblieben
brechen	er brach	er hat gebrochen
brennen	er brannte	er hat gebrannt
bringen	er brachte	er hat gebracht
denken	er dachte	er hat gedacht
dürfen	er durfte	er hat gedurft
empfangen	er empfing	er hat empfangen
empfinden	er empfand	er hat empfunden
essen	er aß	er hat gegessen
fahren	er fuhr	er ist gefahren
fallen	er fiel	er ist gefallen
fangen	er fing	er hat gefangen
finden	er fand	er hat gefunden
fliegen	er flog	er ist geflogen
fliehen	er floh	er ist geflohen
fließen	er floss	er ist geflossen
fressen	er fraß	er hat gefressen
frieren	er fror	er hat gefroren
geben	er gab	er hat gegeben
gehen	er ging	er ist gegangen
gelingen	es gelang	es ist gelungen
gelten	es galt	es hat gegolten
geschehen	es geschah	es ist geschehen
gewinnen	er gewann	er hat gewonnen
gießen	er goss	er hat gegossen
graben	er grub	er hat gegraben
greifen	er griff	er hat gegriffen

	1. Vergangenheit	2. Vergangenheit
hängen	er hing	er hat gehangen
halten	er hielt	er hat gehalten
heben	er hob	er hat gehoben
heißen	er hieß	er hat geheißen
helfen	er half	er hat geholfen
kennen	er kannte	er hat gekannt
kommen	er kam	er ist gekommen
können	er konnte	er hat gekonnt
kriechen	er kroch	er ist gekrochen
lassen	er ließ	er hat gelassen
laufen	er lief	er ist gelaufen
leiden	er litt	er hat gelitten
lesen	er las	er hat gelesen
liegen	er lag	er ist [hat] gelegen
lügen	er log	er hat gelogen
messen	er maß	er hat gemessen
mögen	er mochte	er hat gemocht
müssen	er musste	er hat gemusst
nehmen	er nahm	er hat genommen
pfeifen	er pfiff	er hat gepfiffen
raten	er riet	er hat geraten
reißen	er riss	er hat gerissen
reiten	er ritt	er ist geritten
rennen	er rannte	er ist gerannt
riechen	es roch	es hat gerochen
rufen	er rief	er hat gerufen
scheinen	es schien	es hat geschienen
schieben	er schob	er hat geschoben
schießen	er schoss	er hat geschossen
schlafen	er schlief	er hat geschlafen
schlagen	er schlug	er hat geschlagen

	1. Vergangenheit	2. Vergangenheit
schleichen	er schlich	er ist geschlichen
schließen	er schloss	er hat geschlossen
schneiden	er schnitt	er hat geschnitten
schreiben	er schrieb	er hat geschrieben
schreien	er schrie	er hat geschrien
schweigen	er schwieg	er hat geschwiegen
schwimmen	er schwamm	er ist geschwommen
sehen	er sah	er hat gesehen
singen	er sang	er hat gesungen
sinken	es sank	es ist gesunken
sitzen	er saß	er ist [hat] gesessen
sprechen	er sprach	er hat gesprochen
springen	er sprang	er ist gesprungen
stehen	er stand	er ist [hat] gestanden
stehlen	er stahl	er hat gestohlen
steigen	er stieg	er ist gestiegen
sterben	er starb	er ist gestorben
stoßen	er stieß	er hat gestoßen
tragen	er trug	er hat getragen
treffen	er traf	er hat getroffen
treiben	er trieb	er hat getrieben
treten	er trat	er hat getreten
trinken	er trank	er hat getrunken
verbieten	er verbot	er hat verboten
vergessen	er vergaß	er hat vergessen
verlieren	er verlor	er hat verloren
wachsen	er wuchs	er ist gewachsen
waschen	er wusch	er hat gewaschen
werfen	er warf	er hat geworfen
wiegen	er wog	er hat gewogen
wissen	er wusste	er hat gewusst
ziehen	er zog	er hat gezogen

Ausrufe, Gedanken, Gefühle

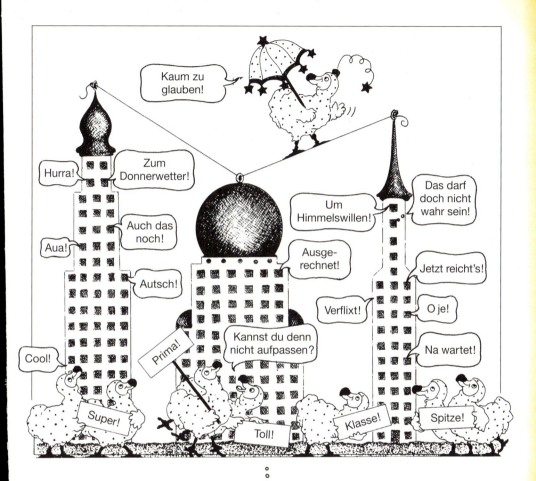

- Ich strahlte über das ganze Gesicht.
- Mir fiel ein Stein vom Herzen.
- Ich könnte die ganze Welt umarmen.
- Das Herz klopfte mir bis zum Hals.
- Mir rutschte das Herz in die Hosentasche.
- Meine Knie wurden ganz weich.
- Ich wurde leichenblass im Gesicht.
- Mein Herz raste wie wild.

Die wörtliche Rede verwenden · Satzzeichen

Peter sagte: „Warte ein bisschen, ich komme gleich."
～～～ : „——————————————."

„Warte ein bisschen, ich komme gleich", sagte Peter.
„——————————————", ～～～.

„Warte ein bisschen", sagte Peter, „ich komme gleich."
„————————", ～～～, „——————."

Schreibe die Texte in den Sprechblasen z. B. so auf:

Findefix zischte: „Seid leise, sonst hören sie uns!"

„Seid leise, sonst hören sie uns!", zischte Findefix.

„Seid leise", zischte Findefix, „sonst hören sie uns!"

Findefix fragte: „Ist das der Stift, den dir Jan geliehen hat?"

„Ist das der Stift, den dir Jan geliehen hat?", fragte Findefix.

„Ist das der Stift", fragte Findefix, „den dir Jan geliehen hat?"

Das Wortfeld „sagen" und die wörtliche Rede

flüstern
„Seid ganz leise", flüsterte Dieter und drückte sich eng an die Wand.

zischen
„Könnt ihr nicht vorsichtiger sein", zischte Petra, „uns hört man doch schon meilenweit."

fragen
„Wann ist heute Training?", fragte Klaus.

antworten
„Heute ist erst um 18 Uhr Training", antwortete sein Freund.

erzählen
Oma rückte ihre Brille zurecht und begann zu erzählen: „Also, das war so."

auffordern
„Berichte mir einmal ganz genau, wie es zu dem Unfall kam!", forderte mich der Polizist auf.

stöhnen
„Ach, heute ist doch auch noch Schwimmen", stöhnten die Kinder, als der Lehrer die zweite Hausaufgabe anschrieb.

stottern
„Da, da, das k, ka, kann doch nicht wahr sein", stotterte ich vor Aufregung.

meinen
Norman meinte: „Wir sollten uns jetzt wirklich entscheiden."

jammern
„Mein Bein, mein Bein!", jammerte Anja.

rufen
Der Bauer rief über das ganze Feld zu uns herüber: „Macht, dass ihr aus dem Getreide herauskommt!"

schimpfen
„Kannst du deine Füße nicht heben?", schimpfte Papa, während ich wieder einmal durch das Wohnzimmer schlurfte.

vorschlagen
„Wir könnten in den Zoo gehen", schlug Sabine vor.

berichten
„Es war eindeutig ein Junge mit blonden Haaren", berichtete der Augenzeuge.

erwidern
„Das passt mir aber gar nicht", erwiderte die Kundin.

beschließen
„Das werden wir zusammen machen", beschloss unsere Gruppe.

Wiederholungen am Satzanfang vermeiden

**Trick 1:
Ein treffendes Wort an den Satzanfang setzen**

Es beginnt:

Anfangs …	… hatte keiner eine Idee.
Zuerst …	… wusste niemand einen Rat.
Zunächst …	… konnten wir uns nicht einigen.
Zu Beginn …	

Es geschieht nacheinander:

Nach und nach …	
Im Laufe der Zeit …	… lernte sie Schlittschuh laufen.
Allmählich …	… beruhigten sie sich.
Nun …	… blieben immer mehr Leute stehen.
Jetzt …	
Danach …	
Schließlich …	
Endlich …	
Später …	

Achtung! Passt der Satzanfang zum Satz?

Es ändert sich schlagartig:

Plötzlich …	
Auf einmal …	… flitzte ein Hund um die Ecke.
In diesem Augenblick …	… passierte es. … tauchte das Ungeheuer auf.
Gerade jetzt …	
Unerwartet …	

Es passiert zur gleichen Zeit:

Inzwischen …	
Gleichzeitig …	… hatten die anderen aufgeholt.
Währenddessen …	… stürzten sich alle ins Wasser.
Mittlerweile …	… kam die Sonne wieder zum Vorschein.
Im gleichen Moment …	

Es ist vorbei:

Neulich …	
Damals …	… begegnete ich einem alten Freund.
Vor langer Zeit …	… gab es noch keinen Fernseher.
Einmal …	… lebte auf der Burg ein edler Ritter.

Es wird ein Gegensatz ausgedrückt:
Aber …

Trotzdem … … keiner wagte einen Schritt vorwärts.

Andererseits … … kletterten alle auf die Felsen.

Jedoch … … wollte er nicht allein bleiben.

Doch …

Es wird etwas begründet:
Deshalb …

Darum … … ärgerte ich mich furchtbar.

Daher … … traute ich mich nicht hinein.

… ging ich zurück.

Aus diesem Grund …

Es wiederholt sich etwas:
Gelegentlich … … liege ich auf dem Teppich

Manchmal … und träume.

… bin ich mit
Oft … meinen Gedanken abwesend.

Immer wieder … … stelle ich mir vor, ich könnte fliegen.

**Trick 2:
Wiewörter (Adjektive)
einfügen und
an den Satzanfang stellen**

Aufgeregt … … machte er sich aus dem Staub.

Zornig … … lenkte er vom Thema ab.

Blitzschnell … … packte sie ihr Zeugnis ein.

Vorsichtig …

Trick 3:
Satzglieder umstellen

Tina überraschte ihre Mutter zum Geburtstag am Morgen mit einem köstlichen Frühstück.

Zum Geburtstag …

Am Morgen …

Mit einem köstlichen Frühstück …

Trick 4:
Wörter im Satz ersetzen

Der **Hund** rannte auf mich zu.

Der **Hund** blieb vor mir stehen und fletschte drohend die Zähne.

Der **Hund** knurrte gefährlich.

Ich brüllte den **Hund** wütend an.

Dabei dachte ich mir: Wie könnte ich mich nur vor dem **Hund** in Sicherheit bringen?

Eine Katze war meine Rettung.

Sie lenkte den **Hund** ab.

**er – ihn – ihm – der Köter –
das Tier – die Bestie – das Mistvieh –
das Untier**

Reime und andere Wörter

A

	acht	es kracht, sie lacht, es macht, die Nacht
	alt	die Gewalt, halt, kalt
der	**Arm**	der Schwarm, warm
die	**Asche**	die Flasche, die Masche, die Tasche
der	**Ast**	fast, du hast
	auch	der Bauch, der Rauch
	auf	der Kauf, der Lauf
	aus	das Haus, die Maus, raus

B

die	**Bahn**	der Hahn, der Zahn
der	**Ball**	der Fall, der Knall
die	**Bank**	krank, schlank, er trank
der	**Bart**	hart, zart
der	**Bauch**	auch, der Rauch
der	**Baum**	kaum, der Raum, der Traum
	beginnen	gewinnen, innen
	bei	drei, zwei
	beide	das Getreide, die Kreide
das	**Bein**	fein, klein, mein
	beißen	heißen, reißen
	bellen	stellen, die Wellen
das	**Bett**	das Brett, fett, nett
die	**Beute**	heute, die Leute
	biegen	fliegen, liegen, wiegen
	binden	finden, verschwinden
die	**Bitte**	die Mitte, die Tritte
	bitten	sie ritten, der Schlitten
	bitter	das Gewitter, das Gitter, der Ritter
das	**Blatt**	glatt, satt
	blau	die Frau, rau, schlau, der Tau
	bleiben	schreiben, treiben
	blicken	knicken, schicken, stricken

blind	das Kind, wir sind, der Wind
der **Blitz**	der Sitz, spitz
der **Block**	der Rock, der Stock
bloß	groß, der Schoß
blühen	glühen, sprühen
das **Blut**	gut, er tut, die Wut
brauchen	rauchen, tauchen
brechen	sprechen, stechen
breit	weit, die Zeit
brennen	kennen, rennen, trennen
das **Brett**	das Bett, fett, nett
der **Brief**	er lief, schief, tief
die **Brille**	die Stille, der Wille
bringen	sie gingen, singen, springen
das **Brot**	die Not, rot, tot
die **Brücke**	die Lücke, die Stücke
die **Butter**	das Futter, die Mutter

D

danke	der Gedanke, die Schranke
danken	sie sanken, tanken, sie tranken
dann	sie kann, der Mann, wann
die **Decke**	die Ecke, die Schnecke
deins	eins, meins, seins
denken	lenken, schenken
der	er, her, schwer, wer
dicht	das Gesicht, das Licht, nicht
der **Dieb**	lieb, er schrieb, das Sieb
dir	mir, wir
doch	der Koch, er kroch, das Loch, noch
dort	der Ort, der Sport, das Wort
drehen	geschehen, stehen, die Zehen
drei	bei, zwei

E

die	**Ecke**	die Decke, die Schnecke
die	**Ehe**	ich gehe, die Zehe
	eins	deins, meins, seins
	er	der, her, schwer, wer
die	**Erde**	die Herde, die Pferde
	essen	fressen, messen, vergessen

F

der	**Fall**	der Ball, der Knall
	fallen	knallen, die Quallen
er	**fand**	die Hand, der Sand, der Strand
	fangen	gegangen, verlangen
das	**Fass**	der Hass, nass, der Pass
	fassen	lassen, passen
	fast	der Ast, du hast
	fein	das Bein, klein, mein
das	**Feld**	das Geld, der Held
	fett	das Bett, das Brett, nett
	finden	binden, verschwinden
die	**Flasche**	die Asche, die Masche, die Tasche
	fliegen	biegen, liegen, wiegen
die	**Frau**	blau, rau, schlau, der Tau
	fressen	essen, messen, vergessen
das	**Futter**	die Butter, die Mutter

G

der	**Gedanke**	danke, die Schranke
	gegangen	fangen, verlangen
	gegen	legen, pflegen, der Regen, wegen
ich	**gehe**	die Ehe, die Zehe
das	**Geld**	das Feld, der Held

	geschehen	drehen, stehen, die Zehen
das	**Gesicht**	dicht, das Licht, nicht
das	**Getreide**	beide, die Kreide
die	**Gewalt**	alt, halt, kalt
	gewinnen	beginnen, innen
das	**Gewitter**	bitter, das Gitter, der Ritter
sie	**gingen**	bringen, singen, springen
das	**Gitter**	bitter, das Gewitter, der Ritter
	glatt	das Blatt, satt
	gleich	reich, weich
die	**Glocken**	hocken, die Locken, trocken
das	**Glück**	das Stück, zurück
	glühen	blühen, sprühen
das	**Gramm**	der Kamm, der Stamm
	greifen	pfeifen, der Reifen
	groß	bloß, der Schoß
die	**Gruppe**	die Puppe, die Suppe
	gut	das Blut, er tut, die Wut

H

der	**Hahn**	die Bahn, der Zahn
	halt	alt, die Gewalt, kalt
die	**Hand**	er fand, der Sand, der Strand
	hart	der Bart, zart
der	**Hase**	die Nase, die Vase
der	**Hass**	das Fass, nass, der Pass
du	**hast**	der Ast, fast
der	**Haufen**	kaufen, laufen
das	**Haus**	aus, die Maus, raus
	heißen	beißen, reißen
der	**Held**	das Feld, das Geld
	heller	der Keller, schneller, der Teller
	her	der, er, schwer, wer

die	**Herde**	die Erde, die Pferde
das	**Herz**	der Scherz, der Schmerz
	hetzen	setzen, verletzen
er	**hetzt**	jetzt, verletzt
	heute	die Beute, die Leute
	hier	das Papier, das Tier, vier
	hocken	die Glocken, die Locken, trocken
die	**Hose**	die Lose, die Rose

I

immer	schlimmer, das Zimmer
innen	beginnen, gewinnen

J

jetzt	er hetzt, verletzt

K

	kahl	er stahl, die Zahl
	kalt	alt, die Gewalt, halt
der	**Kamm**	das Gramm, der Stamm
sie	**kann**	dann, der Mann, wann
der	**Kauf**	auf, der Lauf
	kaufen	der Haufen, laufen
	kaum	der Baum, der Raum, der Traum
der	**Keller**	heller, schneller, der Teller
	kennen	brennen, rennen, trennen
die	**Ketten**	retten, wetten
das	**Kind**	blind, wir sind, der Wind
	klein	das Bein, fein, mein

	klopfen	stopfen, der Tropfen, tropfen
	klug	er schlug, der Zug
der	**Knall**	der Ball, der Fall
	knallen	fallen, die Quallen
	knicken	blicken, schicken, stricken
der	**Knochen**	kochen, lochen, die Wochen
der	**Knopf**	der Kopf, der Topf, der Zopf
der	**Koch**	doch, er kroch, das Loch, noch
	kochen	der Knochen, lochen, die Wochen
der	**Kopf**	der Knopf, der Topf, der Zopf
es	**kracht**	acht, sie lacht, es macht, die Nacht
die	**Kräne**	die Pläne, die Träne
	krank	die Bank, schlank, er trank
die	**Kreide**	beide, das Getreide
er	**kroch**	doch, der Koch, das Loch, noch

L

sie	**lacht**	acht, es kracht, es macht, die Nacht
	lassen	fassen, passen
der	**Lauf**	auf, der Kauf
	laufen	der Haufen, kaufen
	legen	gegen, pflegen, der Regen, wegen
	leise	die Reise, die Speise
	lenken	denken, schenken
die	**Leute**	die Beute, heute
das	**Licht**	dicht, das Gesicht, nicht
	lieb	der Dieb, er schrieb, das Sieb
	lieben	schieben, sieben, sie trieben
die	**Lieder**	nieder, wieder
er	**lief**	der Brief, schief, tief
	liegen	biegen, fliegen, wiegen
das	**Loch**	doch, der Koch, er kroch, noch
	lochen	der Knochen, kochen, die Wochen

die	**Locken**	die Glocken, hocken, trocken
die	**Lose**	die Hose, die Rose
die	**Lücke**	die Brücke, die Stücke

M

es	**macht**	acht, sie lacht, es kracht, die Nacht
	mähen	nähen, spähen
der	**Mann**	dann, sie kann, wann
die	**Masche**	die Asche, die Flasche, die Tasche
die	**Maus**	aus, das Haus, raus
	mehr	sehr, der Verkehr
	mein	das Bein, fein, klein
	meinen	scheinen, weinen
	meins	deins, eins, seins
	messen	essen, fressen, vergessen
	mir	dir, wir
die	**Mitte**	die Bitte, die Tritte
die	**Mutter**	die Butter, das Futter
die	**Mütze**	die Pfütze, der Schütze

N

die	**Nacht**	acht, es kracht, sie lacht, es macht
	nähen	mähen, spähen
die	**Nase**	der Hase, die Vase
	nass	das Fass, der Hass, der Pass
	nett	das Bett, das Brett, fett
	neu	scheu, treu
	nicht	dicht, das Gesicht, das Licht
	nieder	die Lieder, wieder
	noch	doch, der Koch, er kroch, das Loch
die	**Not**	das Brot, rot, tot

O

der **Ort** dort, der Sport, das Wort

P

das **Papier** hier, das Tier, vier
der **Pass** das Fass, der Hass, nass
passen fassen, lassen
pfeifen greifen, der Reifen
die **Pferde** die Erde, die Herde
pflegen gegen, legen, der Regen, wegen
die **Pfütze** die Mütze, der Schütze
die **Pläne** die Kräne, die Träne
die **Puppe** die Gruppe, die Suppe

Q

die **Quallen** fallen, knallen

R

rau blau, die Frau, schlau, der Tau
der **Rauch** auch, der Bauch
rauchen brauchen, tauchen
der **Raum** der Baum, kaum, der Traum
raus aus, das Haus, die Maus
der **Regen** gegen, legen, pflegen, wegen
reich gleich, weich
der **Reifen** greifen, pfeifen
die **Reise** leise, die Speise
reißen beißen, heißen
rennen brennen, kennen, trennen
retten die Ketten, wetten

sie	**ritten**	bitten, der Schlitten
der	**Ritter**	bitter, das Gewitter, das Gitter
der	**Rock**	der Block, der Stock
	rollen	sollen, wollen
die	**Rose**	die Hose, die Lose
	rot	das Brot, die Not, tot
der	**Rüssel**	der Schlüssel, die Schüssel

S

der	**Sand**	er fand, die Hand, der Strand
sie	**sanken**	danken, tanken, sie tranken
	satt	das Blatt, glatt
	scheinen	meinen, weinen
	schenken	denken, lenken
der	**Scherz**	das Herz, der Schmerz
	scheu	neu, treu
	schicken	blicken, knicken, stricken
	schieben	lieben, sieben, sie trieben
	schief	der Brief, er lief, tief
	schielen	spielen, zielen
	schlank	die Bank, krank, er trank
	schlau	blau, die Frau, rau, der Tau
	schlimmer	immer, das Zimmer
der	**Schlitten**	bitten, sie ritten
er	**schlug**	klug, der Zug
der	**Schlüssel**	der Rüssel, die Schüssel
der	**Schmerz**	das Herz, der Scherz
die	**Schnecke**	die Decke, die Ecke
	schneller	heller, der Keller, der Teller
der	**Schoß**	bloß, groß
die	**Schranke**	danke, der Gedanke
	schreiben	bleiben, treiben
er	**schrieb**	der Dieb, lieb, das Sieb

die	**Schüssel**	der Rüssel, der Schlüssel
der	**Schütze**	die Mütze, die Pfütze
der	**Schwarm**	arm, warm
	schwer	der, er, her, wer
	sehr	mehr, der Verkehr
	seins	deins, eins, meins
	setzen	hetzen, verletzen
das	**Sieb**	der Dieb, lieb, er schrieb
	sieben	lieben, schieben, sie trieben
wir	**sind**	blind, das Kind, der Wind
	singen	bringen, sie gingen, springen
	sinken	trinken, winken
der	**Sitz**	der Blitz, spitz
	sollen	rollen, wollen
	spähen	mähen, nähen
die	**Speise**	leise, die Reise
	spielen	schielen, zielen
	spitz	der Blitz, der Sitz
der	**Sport**	dort, der Ort, das Wort
	sprechen	brechen, stechen
	springen	bringen, sie gingen, singen
	sprühen	blühen, glühen
er	**stahl**	kahl, die Zahl
der	**Stamm**	das Gramm, der Kamm
	stechen	brechen, sprechen
	stehen	drehen, geschehen, die Zehen
	stellen	bellen, die Wellen
die	**Stille**	die Brille, der Wille
der	**Stock**	der Block, der Rock
	stopfen	klopfen, der Tropfen, tropfen
der	**Strand**	er fand, die Hand, der Sand
	stricken	blicken, knicken, schicken
das	**Stück**	das Glück, zurück
die	**Stücke**	die Brücke, die Lücke
die	**Suppe**	die Gruppe, die Puppe

T

	tanken	danken, sie sanken, sie tranken
die	**Tasche**	die Asche, die Flasche, die Masche
der	**Tau**	blau, die Frau, rau, schlau
	tauchen	brauchen, rauchen
der	**Teller**	heller, der Keller, schneller
	tief	der Brief, er lief, schief
das	**Tier**	hier, das Papier, vier
der	**Topf**	der Knopf, der Kopf, der Zopf
	tot	das Brot, die Not, rot
die	**Träne**	die Kräne, die Pläne
er	**trank**	die Bank, krank, schlank
sie	**tranken**	danken, sie sanken, tanken
der	**Traum**	der Baum, kaum, der Raum
	treiben	bleiben, schreiben
	trennen	brennen, kennen, rennen
	treu	neu, scheu
sie	**trieben**	lieben, schieben, sieben
	trinken	sinken, winken
die	**Tritte**	die Bitte, die Mitte
	trocken	die Glocken, hocken, die Locken
der	**Tropfen**	klopfen, stopfen, tropfen
	tropfen	klopfen, stopfen, der Tropfen
er	**tut**	das Blut, gut, die Wut

V

die	**Vase**	der Hase, die Nase
	vergessen	essen, fressen, messen
der	**Verkehr**	mehr, sehr
	verlangen	fangen, gegangen
	verletzen	hetzen, setzen
	verletzt	er hetzt, jetzt
	verschwinden	binden, finden
	vier	hier, das Papier, das Tier

W

	wann	dann, sie kann, der Mann
	warm	der Arm, der Schwarm
	wegen	gegen, legen, pflegen, der Regen
	weich	gleich, reich
	weinen	meinen, scheinen
	weit	breit, die Zeit
die	**Wellen**	bellen, stellen
	wer	der, er, her, schwer
	wetten	die Ketten, retten
	wieder	die Lieder, nieder
	wiegen	biegen, fliegen, liegen
der	**Wille**	die Brille, die Stille
der	**Wind**	blind, das Kind, wir sind
	winken	sinken, trinken
	wir	dir, mir
die	**Wochen**	der Knochen, kochen, lochen
	wollen	rollen, sollen
das	**Wort**	dort, der Ort, der Sport
die	**Wut**	das Blut, gut, er tut

Z

die	**Zahl**	kahl, er stahl
der	**Zahn**	die Bahn, der Hahn
	zart	der Bart, hart
die	**Zehe**	die Ehe, ich gehe
die	**Zehen**	drehen, geschehen, stehen
die	**Zeit**	breit, weit
	zielen	schielen, spielen
das	**Zimmer**	immer, schlimmer
der	**Zopf**	der Knopf, der Kopf, der Topf
der	**Zug**	klug, er schlug
	zurück	das Glück, das Stück
	zwei	bei, drei

227

Gleich klingende, aber verschieden geschriebene Wörter

das **Bad** (Schwimmbad) der **Biss** (Hundebiss) die **Blüte** (Apfelblüte) er **bot** – bieten **bunt** (bunte Federn)	**B**	er **bat** – bitten **bis** (bis morgen) es **blühte** – blühen das **Boot** (Segelboot) der **Bund** (Geheimbund)
das **Café** (ins Café gehen)	**C**	der **Kaffee** (Kaffee trinken)
das (das Kind)	**D**	**dass** (sich freuen, dass …)
die **Fälle** – der Fall **fast** (fast so groß) sie **fasten** (Fastenzeit) **faul** (ein fauler Apfel) das **Feld** (Spielfeld) die **Ferse** (Teil des Fußes) du **fliehst** – fliehen die **Frist** (eine Frist von 30 Tagen)	**F**	die **Felle** – das Fell er **fasst** – fassen sie **fassten** – fassen das **Foul** (Foulspiel) er **fällt** – fallen die **Verse** (Verse dichten) es **fließt** – fließen er **frisst** – fressen
ganz (ganz und gar)	**G**	die **Gans**, die Gänse
sie **hasten** (eilen) die **Häute** – die Haut der **Held**, die Helden der **Hengst** (das Pferd) **hohl** (ein hohler Baum)	**H**	sie **hassten** – hassen **heute** (heute Morgen) er **hält** – halten du **hängst** – hängen **hol** – holen
er **ist** – sein	**I**	er **isst** – essen
die **Kante** (Tischkante) die **Küste** (Meeresküste)	**K**	er **kannte** – kennen er **küsste** – küssen
die **Lärche** (der Baum) die **Last** (eine schwere Last)	**L**	die **Lerche** (der Vogel) ihr **lasst** – lassen

der **Laib** (Brotlaib) sie **lehren** (etwas beibringen) das **Leid** (der Kummer) die **Leute** (Menschen) das **Lied** (ein Lied singen) **lies** – lesen	L	der **Leib** (Körper) sie **leeren** (Papierkörbe leeren) er **leiht** – leihen ich **läute** – läuten das **Lid** (Augenlid) er **ließ** – lassen
sie **mahlen** (Kaffee mahlen) **mal** (zweimal) der **Mann,** die **Männer** das **Meer** (im Meer schwimmen) die **Mine** (Bleistiftmine) der **Mohr** (Mohrenkopf)	M	sie **malen** (ein Bild malen) das **Mahl** (Festmahl) **man** (Wie schreibt man das?) **mehr** (mehr lernen) die **Miene** (mit ernster Miene) das **Moor** (die Moorlandschaft)
sich **rächen** – die Rache der **Rat** (einen Rat geben) sie **reißen** (etwas zerreißen) das **Rind,** die Rinder	R	sie **rechen** (Gras rechen) das **Rad** (Rad fahren) sie **reisen** (eine Reise machen) es **rinnt** – rinnen
die **Saite** (Gitarrensaite) ihr **seid** – sein er **singt** – singen **spät** (spät aufstehen) die **Stämme** – der Stamm die **Stelle** (an dieser Stelle) der **Stil** (Baustil)	S	die **Seite** (Buchseite) **seit** (seit gestern) sie **sinkt** (die sinkende Sonne) er **späht** – spähen ich **stemme** (Gewichte stemmen) die **Ställe** – der Stall der **Stiel** (Besenstiel)
der **Tod** (die Todesangst)	T	**tot** (tot sein)
viel (viel Geld)	V	er **fiel** – fallen
die **Waagen** – die Waage er **war** – sein der **Wal** (das Tier) die **Wälle** – der Wall **wert** (viel wert sein) **wieder** (noch einmal)	W	der **Wagen** (Lastwagen) **wahr** (wahre Geschichten) die **Wahl** – wählen die **Welle** (das Wellenbad) er **wehrt** sich – sich wehren **wider** (gegen)

Bild-Wörterbuch Französisch

À l'école 232

Ma famille / Chez moi 234

Les animaux domestiques, les jouets et les hobbies .. 236

Chez le docteur / Mon corps et mon visage . 238

Les jours de la semaine / L'heure 240

Les mois, les saisons et le temps 242

Mes vêtements / Les couleurs 244

Faire les courses 246

Animaux sauvages 248

Les contraires 250

Mon monde imaginaire 252

1 Wörter nachschlagen
- Du suchst das französische Wort für „Bauch".
  Schau oben im Inhaltsverzeichnis nach. Wo könnte es stehen?
  Achte dabei auch auf die Abbildungen.
- Schlage jetzt nach und überprüfe deine Vermutung.
- Unter welchem Thema findest du diese Wörter?

2 Satzmuster entdecken, sich einprägen und verändern
- Im Bild-Wörterbuch kannst du viele Beispiele für Sätze entdecken. Schlage z. B. „Les mois, les saisons et le temps" auf (Seite 242) und suche Antworten auf die Frage „Quel temps fait-il?".
- Suche davon drei Sätze aus und schreibe sie auf: *Il y a du soleil. Il y a ...*

3 Spielideen
- Du kannst mit dem Bild-Wörterbuch Spiele ausprobieren: „Kofferpacken" (Seite 244), ein Tierquiz (Seite 248) oder ein Gegensatz-Spiel (Seite 250).
- Du kannst auch selbst ein Frage-Antwort-Spiel anfertigen: Suche nach passenden Satzmustern im Bild-Wörterbuch. Notiere auf einer Karte die Frage, auf einer anderen die Antwort, z. B.:

| *D'où vient le kangourou?* | *Le kangourou vient d'Australie.* | *C'est quand, Noël?* | *Noël est en décembre.* |

Jetzt kannst du mit deinem Partner spielen.

4 Weitere Schreibideen
- Du kannst mit den Satzmustern lange Sätze schreiben, z. B.:
  Dans ma valise il y a un T-shirt, un pull, ...
  J'ai beaucoup d'animaux domestiques: un chien, un chat, ...
- Du kannst aus dem Bild-Wörterbuch heraussuchen, was du gerne magst und was du nicht so gerne hast:
  J'aime les serpents, ...   *Je n'aime pas le café, ...*
- Du kannst zu einem Thema ein Plakat gestalten. Schreibe z. B. Wörter für Essen und Getränke (Seite 246) aus dem Bild-Wörterbuch auf und klebe oder male passende Bilder dazu.

5 Sich Wörter einprägen
- Schreibe das Wort auf eine Karteikarte und notiere einen Satz dazu. Die Sprechblasen mit den Beispielsätzen helfen dir dabei.
- Tipps zum Trainieren findest du auf Seite 179.

jaune
Ma couleur préférée est le jaune.

Parlons français!

 la craie

la maîtresse

l'élève

 les affaires

 le stylo

 le tableau

 l'image

 la carte

 la lampe

1 un
2 deux
3 trois
4 quatre
5 cinq
6 six
7 sept
8 huit
9 neuf
10 dix
11 onze
12 douze

La France — Paris

Où est le stylo?

Le stylo est dans la trousse.

 le bureau

 la table

 la chaise

 la porte

 la fenêtre

le crayon   **la gomme**   **le feutre**   **la règle**   **les ciseaux**

À l'école

 la trousse

 le taille-crayon

 la colle

 la boîte de couleurs

l'ordinateur   **le cartable**   **le livre**   **le cahier**   **le pinceau**

Parlons français!

 le frère
 la sœur
 le père (papa)
 la mère (maman)

 la cuisine

 la salle de séjour

 le couteau

 la fourchette

 la cuillère

 la tasse

 l'assiette

Comment tu t'appelles?

Tu as quel âge?

Tu as des frères et sœurs?

Salut!

Julien
Grand-maman Irène
Grand-papa René
Claire
Marie

 le verre
 la chaise
 la table
 le placard

la lampe

grand-père
(papie)

 la grand-mère
(mamie)

 l'oncle

 la tante

Ma famille / Chez moi

Je m'appelle…

J'ai … ans.

Oui, j'ai …/
Non, je n'en ai pas.

Tante Odile
Oncle Michel
Arnaud
Benoît
Paul

C'est mon ami.

 la salle de bains

 la chambre

 le lit

 l'armoire

 la pendule

 le livre

 le tapis

 la fenêtre

 la porte

Les animaux domestiques, les jouets et les hobbies

une tortue   un hamster

un chat   un chien   une perruche   un poisson rouge

 As-tu un animal domestique? Non. Oui, j'ai …

un ours en peluche   une voiture   un train   une poupée

 Quel est ton jouet préféré?   Mon jouet préféré est …

un ballon

le piano   la guitare   le keyboard   la flûte

 Tu sais jouer d'un instrument?   Oui, je joue du piano.   Oui, je joue de la guitare.

 **jouer au tennis**   **jouer au foot(ball)**   **faire du roller**

 danser   **nager**   **faire du vélo**    **monter à cheval**

 Tu aimes …?   Non, je n'aime pas …   Oui, j'aime bien …

 faire la cuisine   **lire des livres**    **peindre**   **regarder la télé**

 écouter des CD / la radio    **jouer à des jeux d'ordinateur**   **collectionner des timbres-poste**

 Tu aimes aussi …?   J'aime bien …

Les jours de la semaine

On est quel jour, aujourd'hui?
On est …

lundi
mardi
mercredi
jeudi
vendredi
samedi
dimanche

me retrouver avec des amis/amies

jouer à l'ordinateur

aller au cinéma

aller à la piscine

jouer au foot(ball)

regarder la télé

lire un livre

Que veux-tu faire cette semaine?

Lundi je veux …

le brouillard

la neige

la pluie

Il pleut.
Il neige.

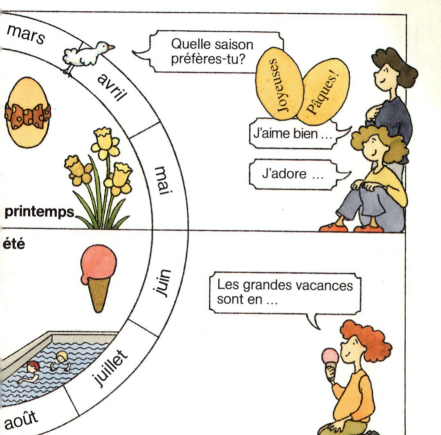

la jonquille

l'œuf de Pâques

la piscine

la glace

Pâques

le 14 juillet

Halloween

Quand est …?
… est en …

Parlons français!

une valise

un T-shirt

des gants

un sweat-shirt

une brosse à dents

un pyjama

un parapluie

des lunettes de soleil

un anorak

Mes vêtements

Qu'est-ce qu'il y a dans ta valise?

Dans ma valise il y a un T-shirt.

Dans ma valise il y a un T-shirt et un pantalon.

Dans ma valise il y a un T-shirt, un pantalon et …

une brosse à cheveux

des chaussettes

une jupe

un short

un pantalon

 un chemisier

 des chaussures

 une veste

 une casquette de baseball

Les couleurs

 rose

 rouge

 orange

 jaune

marron

 vert, verte

 bleu, bleue

 violet, violette

 noir, noire

 blanc, blanche

 gris, grise

 une robe

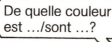 un jean

 un chapeau

Ma couleur préférée est le bleu.

De quelle couleur est …/sont …?

Quelle est ta couleur préférée?

 ne écharpe

 des tennis
des baskets

 un pull(-over)

 des pantoufles

 un manteau

Parlons français!

 les biscuits

 le pain

 la baguette

 le beurre

 le miel

 le sucre

 le sel

 le jambon

 les saucisses

Je voudrais un kilo de …
… un paquet de …
… une bouteille de …

Vous désirez?

Je prendrais bien des …

FRUITS & LÉGUMES

 les œufs

 les fruits

 les pommes

 les bananes

 les oranges

la glace   les bonbons   le chocolat   les chewing-gums   les boissons

Faire les courses

Bonjour!

Voilà!

Je voudrais une tasse de …, s'il vous plaît.

Merci! Ça fait combien?

Est-ce que tu aimes aussi …?

café	1,80 €
thé	2,50 €
tisane	2,50 €
limonade	2,50 €
orangeade	2,50 €
coca	2,80 €

 le lait

 le jus d'oranges

 la limonade

 le thé

 le café

 les légumes   les carottes   les tomates   les pommes de terre

À toi de jouer!

4 + 8 = 12	4 + 8 = 10		
une réponse **juste**	une réponse **fausse**	une éponge **humide**	une éponge **sèche**

Ça a quel goût?
C'est …

une musique **forte**

Comment je me sens?
Tu es …/ Tu as …

une musique **douce**

un garçon **fort**

un garçon **faible**

une **petite** fille une **grande** fille

être **heureux**
être **heureuse**

être **triste**

vivre comme un roi

voler sur un tapis volant

marcher sur la lune

naviguer sur un bateau pirate

J'aimerais …

conduire une voiture de course

habiter dans un château

gagner beaucoup d'argent

me battre avec un dragon

Hilfen zum richtigen Schreiben

1 Beachte die Wortart: Namenwörter (Nomen) werden großgeschrieben.

der Ball, die Bälle

Die meisten Namenwörter (Nomen) kannst du in die Einzahl und Mehrzahl setzen.

Alle Wörter mit den Nachsilben
- **-ung**
- **-nis**
- **-heit**
- **-keit**
- **-schaft**

die Heiz**ung**
das Zeug**nis**

sind Namenwörter (Nomen).

Darf ich dann alle anderen Wörter kleinschreiben?

2 Sprich beim Schreiben leise, aber deutlich mit.

N - a - s - e   Scho - ko - la - de

3 Denke an verwandte Wörter oder an die Grundform.

B**äu**me – B**au**m   er wo**ll**te – wo**ll**en   er mer**k**te – mer**k**en
w**ä**rmer – w**a**rm

4 Verlängere das Wort, um herauszufinden,
ob es am Ende mit **d** oder **t**,
　　　　　g oder **k**,
　　　　　b oder **p** geschrieben wird.
Erst beim verlängerten Wort kannst du dies hören.

die Han**d** – die Hän**d**e
der Ber**g** – die Ber**g**e

5 Höre auf den betonten Selbstlaut im Wort.

wenn

wen

Schreibe doppelte Mitlaute nur nach einem kurzen Selbstlaut.